儿保专家和你谈

宝宝智能培养

刘 星 ◎ 主编

吉林科学技术出版社

图书在版编目（CIP）数据

儿保专家和你谈　宝宝智能培养 / 刘星主编． --
长春：吉林科学技术出版社，2015.11
ISBN 978-7-5384-9874-5

Ⅰ．①儿… Ⅱ．①刘… Ⅲ．①婴幼儿－智力开发
Ⅳ．①G610

中国版本图书馆 CIP 数据核字（2015）第 233447 号

儿保专家和你谈　宝宝智能培养
Erbao Zhuanjia Henitan　Baobao Zhineng Peiyang

主　　编	刘　星								
副 主 编	丁　朦								
编　　委	张　旭	陈　莹	周　宏	李志强	易志辉	康儒	盛　萍	周　密	
	彭琳玲	王玲燕	李　静	秦树旺	陈　洁	吴　丹	蒋　莲	柳　霞	
	尹　丹	刘晓辉	张建梅	唐晓磊	汤来先	白　虎	吕巧玲	贲翔南	
	赵桂彩	陈　振	雷建军	李少聪	刘　娟	史　霞	马牧晨	韶　莹	
	赵　艳	石　柳	戴小兰	李　青	李文竹	周　利	张　苗	张　阳	
	黄　慧	范　铮	邵海燕	张巍耀	崔　磊	李　萍	周　亮	邹　丹	
	曹淑媛	陆　林	王玉立	陈　晨	王　清	王　欣	崔　哲	刘　波	
出 版 人	李　梁								
责任编辑	端金香	王　皓	陈丽娜						
模特宝宝	王悦宁	吴珂伊	于　昊	孙夕然	柳夕韵	冯一轩	李承泽	张卓尔	
	南　希	郭煦岩	张傲奕						
封面设计	长春市一行平面设计有限公司								
开　　本	710mm×1000mm　1/16								
字　　数	400千字								
印　　张	15								
印　　数	1—7000册								
版　　次	2016年5月第1版								
印　　次	2016年5月第1次印刷								

出　　版	吉林科学技术出版社
发　　行	吉林科学技术出版社
地　　址	长春市人民大街4646号
邮　　编	130021
发行部电话/传真	0431-85635176　85651759　85635177
	85651628　85652585
储运部电话	0431-86059116
编辑部电话	0431-85635186
网　　址	www.jlstp.net
印　　刷	长春人民印业有限公司

书　　号	ISBN 978-7-5384-9874-5
定　　价	39.90元

如有印装质量问题　可寄出版社调换
版权所有　翻印必究　举报电话：0431-85642539

前言

0~3岁是宝宝运动智能培养的关键期。也是培养宝宝运动智能效果最好的时期。所以，年轻的妈妈们一定要抓住这个最好的时期，利用一切条件来培养宝宝的运动智能。本书以宝宝不同月龄的生长发育特点为依据，以先进的脑科学理论为指导，为父母们讲解如何对宝宝大脑进行全面开发，涉及语言认知、运动能力、动手能力、情绪交际等多个方面，是新手父母全面呵护宝宝健康成长的指导书。

目录

第一章 0~1岁宝宝智能培训与测评

第一节 1个月的宝宝

- 14 宝宝智能发育状况
- 14 ◎脑部发育
- 14 ◎颅骨发育
- 15 ◎神经发育
- 16 宝宝感知能力发育标准
- 16 ◎听觉
- 16 ◎触觉
- 16 ◎视觉
- 16 ◎知觉
- 17 ◎味、嗅、温度等感知觉训练
- 17 聪明宝宝这样教
- 17 ◎父母要与宝宝多交流
- 18 ◎宝宝喜欢倾听世界
- 19 ◎宝宝有天生的模仿能力
- 20 ◎大动作能力
- 21 ◎精细动作能力
- 22 ◎语言能力
- 24 ◎数学能力
- 24 ◎知觉能力
- 26 ◎思维能力
- 27 ◎情绪与社交能力
- 28 宝宝智能开发效果测试

第二节 2个月的宝宝

- 30 宝宝智能发育状况
- 30 ◎身体技能发育
- 30 ◎运动能力发育
- 30 ◎视觉能力发育
- 31 ◎语言能力发育
- 31 ◎认知能力发育
- 31 ◎社交能力发育
- 31 ◎自理能力发育
- 31 ◎情感能力发育
- 32 宝宝感知能力发育标准
- 32 ◎动作
- 32 ◎触觉
- 32 ◎视觉
- 32 ◎心理
- 32 ◎听觉
- 33 聪明宝宝这样教
- 33 ◎学会读懂哭闹的宝宝
- 34 ◎大动作能力
- 35 ◎精细动作能力
- 36 ◎语言能力
- 37 ◎数学能力
- 37 ◎知觉能力
- 39 ◎思维能力
- 39 ◎情绪与社交能力
- 40 宝宝智能开发效果测试

第三节 3个月的宝宝

42　宝宝智能发育状况
42　◎脑细胞能力发育
42　◎视觉能力发育
42　◎语言能力发育
42　◎肢体能力发育
43　◎整体能力发育

43　宝宝感知能力发育标准
43　◎动作
43　◎感觉
43　◎语言
43　◎心理

44　聪明宝宝这样教
44　◎如何利用颜色影响宝宝的智力
44　◎大动作能力
45　◎精细动作能力
45　◎语言能力
46　◎数学能力
46　◎知觉能力
47　◎思维能力
47　◎情绪与社交能力

48　宝宝智能开发效果测试

第四节 4个月的宝宝

50　宝宝智能发育状况
50　◎身体技能发育
51　◎认知能力发育

51　宝宝感知能力发育标准
51　◎语言
51　◎动作
52　◎听觉
52　◎视觉
52　◎心理

52　聪明宝宝这样教
52　◎数学启蒙训练从现在开始
53　◎宝宝也有交际能力
54　◎撕书锻炼宝宝的协调能力
55　◎大动作能力
56　◎精细动作能力
57　◎语言能力
59　◎数学能力
60　◎知觉能力
62　◎思维能力
63　◎情绪与社交能力

64　宝宝智能开发效果测试

第五节 5个月的宝宝

66　宝宝智能发育状况
66　◎身体技能发育
66　◎运动能力发育
67　◎语言能力发育
67　◎认知能力发育
67　◎情感和社交能力发育
67　◎视觉能力发育

68　宝宝感知能力发育标准
68　◎语言
68　◎动作
68　◎听觉
68　◎触觉
68　◎视觉
68　◎感觉
69　◎心理

目录

- 69 聪明宝宝这样教
  - 69 ◎正确理解宝宝吃手的利与弊
  - 71 ◎早期识字可促进语言发展
  - 72 ◎培养宝宝的空间感
  - 72 ◎藏猫猫
  - 72 ◎描述房间布置
  - 72 ◎整理物品
  - 72 ◎绘制地图
  - 73 ◎大动作能力
  - 74 ◎精细动作能力
  - 75 ◎语言能力
  - 76 ◎数学能力
  - 77 ◎知觉能力
  - 78 ◎思维能力
  - 79 ◎情绪与社交能力
- 80 宝宝智能开发效果测试

第六节 6个月的宝宝

- 82 宝宝智能发育状况
  - 82 ◎自我认知能力发育
  - 83 ◎视觉能力发育
  - 83 ◎手部能力发育
  - 83 ◎脚部能力发育
  - 83 ◎运动能力发育
  - 83 ◎情绪和社交能力发育
- 83 宝宝感知能力发育标准
  - 83 ◎语言
  - 83 ◎动作
  - 84 ◎心理
  - 84 ◎视觉
  - 84 ◎感觉
- 85 聪明宝宝这样教
  - 85 ◎大动作能力
  - 85 ◎大动作游戏
  - 86 ◎精细动作能力
  - 87 ◎精细动作游戏
  - 87 ◎语言能力
  - 88 ◎语言游戏
  - 89 ◎情绪与社交能力
  - 89 ◎情绪与社交能力游戏
- 90 宝宝智能开发效果测试

第七节 7个月的宝宝

- 92 宝宝智能发育状况
  - 92 ◎手部动作能力发育
  - 92 ◎情感和社交能力发育
  - 93 ◎认知能力发育
  - 93 ◎语言能力发育
- 93 宝宝感知能力发育标准
  - 93 ◎动作
  - 93 ◎听觉
  - 94 ◎视觉
  - 94 ◎心理
- 95 聪明宝宝这样教
  - 95 ◎大动作能力
  - 95 ◎大动作游戏
  - 96 ◎精细动作能力
  - 97 ◎精细动作游戏
  - 97 ◎语言能力
  - 98 ◎语言能力游戏
  - 99 ◎情绪与社交能力
  - 99 ◎情绪与社交能力游戏
- 100 宝宝智能开发效果测试

第八节 8个月的宝宝

- 102 宝宝智能发育状况
- 102 ◎语言能力发育
- 102 ◎视觉和认知能力发育
- 103 ◎情感和社交能力发育
- 103 宝宝感知能力发育标准
- 103 ◎语言
- 103 ◎动作
- 104 ◎视觉
- 104 ◎听觉
- 104 ◎心理
- 105 聪明宝宝这样教
- 105 ◎大动作能力
- 106 ◎精细动作能力
- 106 ◎精细动作能力游戏
- 107 ◎语言能力
- 108 ◎语言能力游戏
- 108 ◎情绪与社交能力
- 109 ◎情绪与社交能力游戏
- 110 宝宝智能开发效果测试

第九节 9个月的宝宝

- 112 宝宝智能发育状况
- 112 ◎视觉记忆能力发育
- 112 ◎认知能力发育
- 113 ◎动作能力发育
- 113 ◎语言能力发育
- 113 ◎声音能力发育
- 113 宝宝感知能力发育标准
- 113 ◎动作
- 113 ◎心理
- 113 ◎语言
- 114 聪明宝宝这样教
- 114 ◎大动作能力
- 114 ◎大动作能力游戏
- 115 ◎精细动作能力
- 115 ◎语言能力
- 116 ◎语言能力游戏
- 117 ◎情绪与社交能力
- 118 ◎社交能力游戏
- 120 宝宝智能开发效果测试

第十节 10个月的宝宝

- 122 宝宝智能发育状况
- 122 ◎运动能力发育
- 122 ◎精细动作能力发育
- 122 ◎自我认知能力发育
- 123 ◎心理能力发育
- 123 ◎平衡能力发育
- 123 宝宝感知能力发育标准
- 123 ◎语言
- 123 ◎动作
- 124 ◎心理

124 聪明宝宝这样教
124 ◎大动作能力
125 ◎大动作游戏
126 ◎精细动作能力
126 ◎精细动作游戏
126 ◎语言能力
127 ◎语言能力游戏
128 ◎情绪与社交能力
129 ◎情绪社交能力游戏
130 宝宝智能开发效果测试

第十一节 11个月的宝宝

132 宝宝智能发育状况
132 ◎认知能力发育
132 ◎分辨能力发育
133 ◎性格能力发育
133 ◎运动能力发育
134 宝宝感知能力发育标准
134 ◎动作
134 ◎语言
134 ◎认知
134 ◎心理
135 聪明宝宝这样教
135 ◎大动作能力
135 ◎大动作能力游戏
136 ◎精细动作能力
137 ◎精细动作能力游戏
137 ◎语言能力
138 ◎语言能力游戏
139 ◎情绪与社交能力
140 宝宝智能开发效果测试

第十二节 12个月的宝宝

142 宝宝智能发育状况
142 ◎语言能力发育
142 ◎思维能力发育
143 ◎声音能力发育
143 ◎动作能力发育
143 ◎认知能力发育
143 宝宝感知能力发育标准
143 ◎动作
144 ◎语言
144 ◎心理
144 聪明宝宝这样教
144 ◎大动作能力
145 ◎大动作能力游戏
146 ◎精细动作能力
146 ◎精细动作能力游戏
147 ◎语言能力
148 ◎情绪与社交能力
149 ◎情绪与社交能力游戏
150 宝宝智能开发效果测试

第二章 1~2岁宝宝智能培训与测评

第一节 13~14个月的宝宝

154 宝宝智能发育状况
154 ◎运动能力发育
154 ◎语言能力发育
154 ◎认知能力发育
154 ◎情感和社交能力发育
155 聪明宝宝这样教
155 ◎选择内容平静、优美的故事
155 ◎语言生动形象、感情丰富
156 ◎如何教宝宝用词组表达意图
158 ◎大动作能力
159 ◎精细动作能力
160 ◎知觉能力
160 ◎思维能力
161 ◎情绪与社交能力
162 宝宝智能开发效果测试

第二节 15~16个月的宝宝

164 宝宝智能发育状况
164 ◎运动能力发育
164 ◎情感和社交能力发育
165 ◎语言能力发育
165 聪明宝宝这样教
165 ◎脑力开发能让宝宝更聪明
165 ◎认清左右脑分工
165 ◎全面进行脑力开发
166 ◎给宝宝增加良性刺激
166 ◎父母要注意讲话语气
167 ◎大动作能力
168 ◎语言能力
169 ◎数学能力
170 ◎思维能力
171 ◎情绪与社交能力
172 宝宝智能开发效果测试

第三节 17~18个月的宝宝

174 宝宝智能发育状况
174 ◎运动能力发育
174 ◎语言能力发育
174 ◎认知能力发育
174 ◎情感和社交能力发育
175 聪明宝宝这样教
175 ◎玩球开启宝宝的智力
175 ◎大动作能力
176 ◎精细动作能力
176 ◎语言能力
177 ◎数学能力
178 ◎知觉能力
178 ◎思维能力
179 ◎情绪与社交能力
180 宝宝智能开发效果测试

目录

第四节 19~20个月的宝宝

182 宝宝智能发育状况
182 ◎运动能力发育
182 ◎身体技能发育
182 ◎认知能力发育
183 ◎语言能力发育
183 ◎情感能力发育
183 ◎社交能力发育
184 ◎良好生活习惯的培养内容
184 ◎大动作能力
185 ◎精细动作能力
185 ◎语言能力
186 ◎数学能力
186 ◎思维能力
187 ◎知觉能力
187 ◎情绪与社交能力
188 宝宝智能开发效果测试

第五节 21~22个月的宝宝

190 宝宝智能发育状况
190 ◎运动能力发育
190 ◎身体技能发育
190 ◎语言能力发育
191 ◎情感能力发育
191 ◎社交能力发育
191 ◎大动作能力
192 ◎精细动作能力
193 ◎语言能力
193 ◎数学能力
194 ◎知觉能力
195 ◎思维能力
196 宝宝智能开发效果测试

第六节 23~24个月的宝宝

198 宝宝智能发育状况
198 ◎运动能力发育
198 ◎语言能力发育
198 ◎认知能力发育
198 ◎情感和社交能力发育
199 聪明宝宝这样教
199 ◎培养宝宝的创造能力
199 ◎帮助宝宝控制情绪
199 ◎大动作能力
200 ◎精细动作能力
201 ◎语言能力
201 ◎数学能力
202 ◎知觉能力
203 ◎思维能力
203 ◎情绪与社交能力
204 宝宝智能开发效果测试

第三章 2~3岁宝宝智能培训与测评

第一节 25~27个月的宝宝

208 宝宝智能发育状况
208 ◎运动能力发育
208 ◎认知能力发育
208 ◎情感能力发育
208 ◎情感和社交能力发育
209 聪明宝宝这样教
209 ◎教宝宝认字的好方法

209 ◎全面开发宝宝的语言
210 ◎大动作能力
211 ◎精细动作能力
212 ◎语言能力
213 ◎知觉能力
214 ◎思维能力
215 ◎情绪与社交能力
216 宝宝智能开发效果测试

第二节 28~30个月的宝宝

218 宝宝智能发育状况
218 ◎运动能力发育
218 ◎语言能力发育
218 ◎认知能力发育
218 ◎情感和社交能力发育
219 ◎大动作能力
219 ◎精细动作能力
220 ◎数学能力
220 ◎知觉能力
221 ◎思维能力
221 ◎情绪与社交能力
222 宝宝智能开发效果测试

第三节 31~33个月的宝宝

224 宝宝智能发育状况
224 ◎运动能力发育
224 ◎情感和社交能力发育
224 ◎语言能力发育
224 ◎认知能力发育
225 聪明宝宝这样教
225 ◎父亲对宝宝会产生很大的影响

226 ◎大动作能力
226 ◎精细动作能力
227 ◎语言能力
227 ◎数学能力
228 ◎知觉能力
228 ◎思维能力
229 ◎情绪与社交能力
230 宝宝智能开发效果测试

第四节 34~36个月的宝宝

232 宝宝智能发育状况
232 ◎语言能力发育
232 ◎运动能力发育
232 ◎社交能力发育
233 ◎认知能力发育
233 ◎身体技能发育
233 ◎情感能力发育
234 ◎大动作能力
234 ◎精细动作能力
235 ◎语言能力
236 ◎数学能力
236 ◎知觉能力
237 ◎思维能力
237 ◎情绪与社交能力
238 宝宝智能开发效果测试

第一章 0~1岁宝宝智能培训与测评

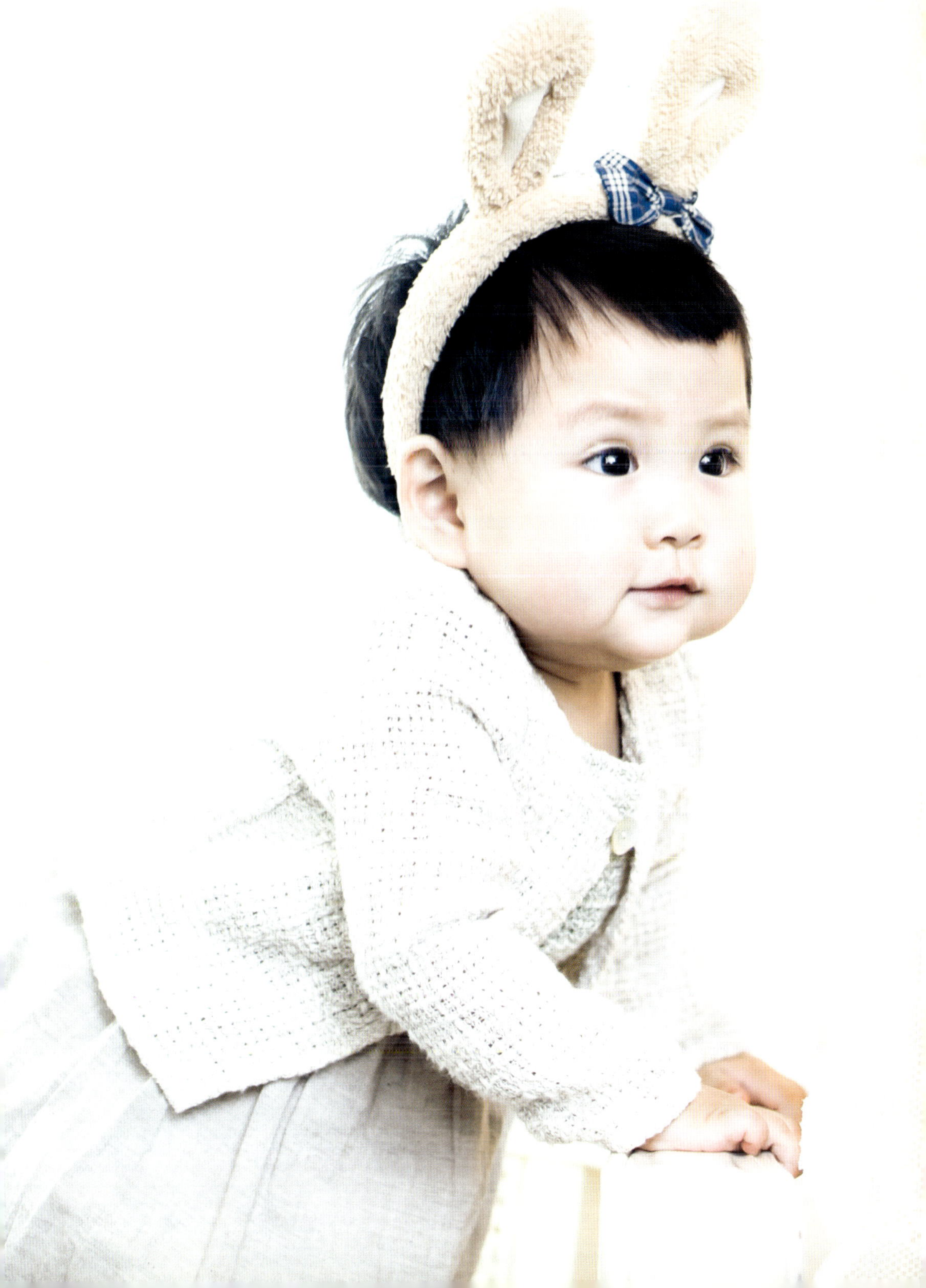

第一节 1个月的宝宝

宝宝智能发育状况

◎脑部发育

刚出生的宝宝脑袋尖尖的,如果是自然分娩的话,新生儿的头型会因产道的挤压而显得更长。这是正常现象,不久后宝宝的脑袋就会圆起来。新生儿的皮肤也不像广告中那般光滑,它是有皱褶的,并且颜色发红。

◎颅骨发育

新生儿的颅骨还没有发育完全,在其头顶部前方中央的地方,有一处菱形间隙,医学上称为"囟门"。囟门使骨头有一定的活动余地,分娩时囟门会缩小,有利于胎头娩出。此外,囟门也能够给宝宝的大脑发育留下余地。随着宝宝的成长,颅骨会逐渐闭合,囟门也随之消失。新生儿出生时大脑的体积是成人大脑的1/4。3岁前,宝宝的大脑发育最快。宝宝大脑的发育依赖于许多条件,包括父母的遗传和宝宝的健康状况、营养状况及其与周围人的关系等。

◎神经发育

新生儿的大脑有许多神经元，新生儿与人和物进行的各种相互活动会刺激大脑细胞的发育。神经元在大脑里进行重要的联结，而人的行为决定联结的形式。对于宝宝来说，每天抓取物品、玩玩具或者听人交谈是很重要的。所以，宝宝需要父母爱他，需要外界良性的刺激和父母同他玩耍，需要父母跟他说话与交流。所有这些事情都能促进宝宝的脑部发育。

经验★之谈

新生儿的大脑皮层尚未发育成熟，因此会出现一些特殊的生理反射，但没有必要为此担心，一般来说，几个月后这些反射就会消失。

惊吓反射

这种反射的起因是宝宝的头突然动了位置或是听到了很大的声响。反射发生时宝宝的四肢会同时伸展，头向后仰，拳头张开；随后立即恢复到最初的姿态，双臂互抱。这种反射一般两个月后会消失。

抓握反射

新生儿会用他的小手抓牢任何触碰他掌心的东西。父母不妨做个小游戏，让宝宝的哥哥或姐姐将示指放在宝宝的掌心，宝宝会立即抓紧哥哥或姐姐的手指。这个反射会在宝宝5～6个月后消失。

1个月

寻乳反射

妈妈用手指或乳头抚弄一下宝宝的面颊,他就会把头转向妈妈的手指或乳头。这个重要的反射能保证宝宝不被饿着。一般持续3~4个月,这个反射才会消失。

迈步反射

抱起宝宝,把他的脚放到坚实的平面上,他会做出迈步的动作。通常,这种反射将会持续好几个月的时间。

宝宝感知能力发育标准

◎听觉

宝宝清醒时,在他旁边10~15厘米处发出响声,这时他的四肢躯体活动会突然停止,并开始注意聆听声音。新生儿喜欢听妈妈的声音,不喜欢听音量过大的声音和噪声。如果在耳边听到音量大的声音或噪声,新生儿的头会转到相反的方向,甚至用哭声来抗议这种干扰。

◎触觉

新生儿对不同的温度、湿度、质地和疼痛都有触觉感受的能力,并且喜欢碰触质地柔软的物体。嘴唇和手是宝宝触觉最灵敏的部位。

◎视觉

新生儿出生后便有视觉能力。观察的过程可刺激宝宝大脑的发育,人类学习的知识中85%是通过视觉而获取的。而新生儿大部分的时间在睡觉,每2~3小时会醒来一会儿,所以当宝宝睁开眼睛时,父母可以试着让宝宝看自己的脸,但由于宝宝的视焦距调节能力差,最佳距离是19厘米。

◎知觉

对于新生儿来说,宝宝最喜欢的是妈妈温柔的声音和笑脸,当妈妈轻轻地呼唤宝宝时,他就会转过脸来看母亲,这是因为宝宝在子宫内时已习惯了母亲的声音,尤其是抱着、抚摸着并轻声呼唤宝宝时,宝宝就会很理解似的对母亲微笑。

聪明宝宝这样教

◎父母要与宝宝多交流

很多第一次当妈妈的女性感觉整日对着刚出生的宝宝咿咿呀呀说着一些谁也听不懂的话很好笑，但实际上这样的语言交流对宝宝非常有好处，他们很需要与母亲进行类似的沟通来促进语言能力的发育以及与母亲建立更密切的关系。

经验★之谈

日本研究人员表示："当出生不到1个月的宝宝听到针对他们的呀呀声时，他们大脑前部区域里的供氧量会增大，神经细胞也更有活力。"新生儿听到母亲咿咿呀呀声时，其大脑前部区域的神经系统变得更加活跃，能够促进他们语言能力的发育，同时，这也是新生儿能够识别亲人的一种途径。

父母用饱含情感的声音与宝宝交流可以让他们的大脑变得更活跃，哪怕宝宝在睡觉时母亲也可以对他们呀呀说话，因为这时宝宝的人脑仍然可以对呀呀声作出反应。

父母应该知道，与宝宝讲话时，他们的确是在倾听，虽然只能听到父母的声音，而不知道父母到底在讲些什么，但通过父母的语调可感知到父母的爱意。母亲可在宝宝睡觉时给他朗读故事，一遍又一遍，不断重复。

1个月

◎宝宝喜欢倾听世界

父母可以给宝宝提供一些舒缓的音乐刺激宝宝的听觉，如妈妈在哄宝宝吃奶时，或者宝宝躺在床上睁大眼睛看世界时，或者怀抱宝宝哄他高兴时，都可播放一段旋律优美、舒缓的乐曲，可以选胎教时播放的音乐。

妈妈还可以在宝宝睡醒之后，用温柔缓慢的音调对宝宝说一些悄悄话，每天2～3次，每次2～3分钟，给宝宝提供听觉刺激，并促进亲子交流。

摇铃铛也是一种很好的听觉刺激，在宝宝头部上方挂一个铃铛，在他头部两侧摇铃铛，节奏要快慢适中，音量也要大小适宜，观察他对铃声的反应，这样的方法可以检验听力，发展听觉。

总之，父母从宝宝出生之后，要通过各种方法，经常反复地给宝宝提供听觉刺激，同时也要观察宝宝听到声音之后的各种反应，如果宝宝呈现出安静的状态，可持续进行，并且依着宝宝的动作去调节某些音调和节奏；如果宝宝表现出焦躁、不耐烦或哭泣则应该立即停止。

经验★之谈

宝宝出生后大脑发育的主要活动范围是在大脑皮层进行的。根据成熟的顺序，可将大脑皮层分为四个主要区域：枕叶、顶叶、颞叶、额叶，这四个区域掌管视觉、触觉、听觉和语言能力以及运动和思维能力。宝宝的大脑发育成长正依赖于这几种感官的刺激。

宝宝能够区分声音的频率和高低，能够分辨不同声音，甚至还能够感觉声音和音乐的节奏，因此来自外界环境的声音对他们的听觉系统发育很有好处，而且适当的听觉刺激会促进新生儿在情感上与人的沟通及语言方面的发展，并培养宝宝乐于积极地接受外界事物的态度。由于新生宝宝的感官系统还没有完全建立，父母就是宝宝与复杂的外界环境之间的重要桥梁，父母要借助各种材料帮助宝宝听到大千世界的声音，搭建"智慧大厦"的基础。

◎宝宝有天生的模仿能力

研究表明，宝宝的模仿从呱呱坠地那刻就开始了。在出生后最初的4个小时里，宝宝就已具有模仿能力了，主要是模仿伸舌、张嘴，或者是在嘴里动动舌头等动作。

宝宝在安静清醒状态，不但会注视母亲的脸，还会模仿其脸部表情。因此，当和宝宝对视时，可慢慢地伸出舌头，每20秒钟1次，重复6～8次。宝宝如果仍然在注视，常会学着人人的样，将舌伸到口边或口外。有的宝宝甚至还会模仿其他人脸部动作和表情，如哭、微笑等。

父母要经常抱起宝宝，和他互相注视，做出各种夸张滑稽的表情，并跟宝宝说话，如"宝宝看看妈妈，宝宝认识妈妈吗？""哎呀，宝宝笑了，嘻嘻"，这时宝宝可能也会凝视着父母，似带微笑，有时会学着父母张开小嘴，此时父母要给予积极热烈的回应，做出更多的表情，更多地与宝宝交谈，以促进宝宝的"互动"和模仿。

多给你的宝宝创造一些模仿机会，提高他的模仿能力，发掘宝宝的潜在智能。

1个月

◎大动作能力

盘盘小腿

给宝宝穿上暖和宽松的衣服,将宝宝平放在床上躺着,屋子里面要暖和。妈妈轻轻握住宝宝同侧的脚踝和大腿,盘向另一只腿,让宝宝的身体和屁股跟着盘过去,然后再将宝宝放回平躺姿势,换成另一只腿,做盘转运动,如此反复几次。如果方便的话爸爸也可以帮忙,用手轻轻护着宝宝的腰背,帮助宝宝盘转。父母的动作一定要轻柔,以免扭伤宝宝的腰腿。刚开始做时应该将时间控制在2分钟内,随着宝宝的生长可适量增加。经常给宝宝翻身可锻炼其腿部的肌肉,提高腿部大动作能力。

摇摇小手

让宝宝倚着枕头或被子躺下或半躺着,也可以将宝宝抱在妈妈怀里,让他正对着妈妈,然后举起宝宝的小手在宝宝眼前晃动,引起他的注意。妈妈可提前准备几首简单的儿歌,或者自己随便编几句成调的句子,如"小手真乖,小手摇一摇,小手快跑""小手飞呀飞,小手摇呀摇,小手跳呀跳"等,然后一边哼着儿歌,一边举起宝宝的一只小手轻轻晃动,让宝宝的小手跟着儿歌的节奏摇动。在念"小手快跑"时可以加快速度将宝宝的小手放在宝宝的体侧;在念"小手飞呀飞"时可拉着宝宝的小手做小鸟飞翔状;当念"小手跳呀跳"时可拉着宝宝的小手上下"跳动"等等。但拉着小手做各种动作时一定要轻柔,以免扭伤宝宝的小胳膊。

经验★之谈

这个游戏可以让宝宝感受到肢体运动的节拍和速度,锻炼宝宝胳膊的力度,从而锻炼胳膊大动作的能力。

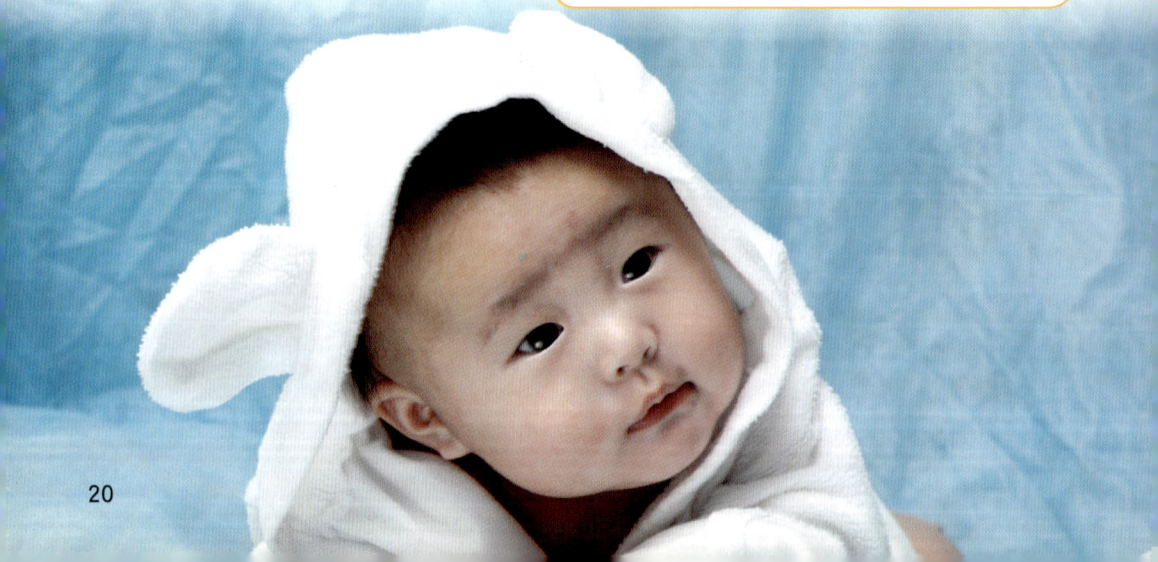

◎精细动作能力

小手抓拨浪鼓

准备好一个小拨浪鼓，当宝宝睡醒或者吃完奶、精神状态好的时候，在宝宝眼前轻轻摇晃拨浪鼓吸引宝宝的注意力，让其看到拨浪鼓。将拨浪鼓的小手柄放在宝宝的手心，让宝宝抓住手柄，如果宝宝没有意识去抓，妈妈可以轻轻拉着其手指头握住手柄，有意识地让宝宝的手指头触摸拨浪鼓的手柄，并刺激他抓握，然后妈妈握住宝宝的小手帮着宝宝摇晃拨浪鼓，让拨浪鼓发出"咚咚"的响声，刺激宝宝摇晃的欲望。

如果宝宝意识到拨浪鼓的声音和自己手部运动的联系时可能会表现得略有兴奋，并下意识地去抓握，但如果宝宝没有反应也很正常，父母要坚持，不能因为宝宝没有反应而放弃，因为宝宝某些时候有感觉但不一定能表现出来。

> **经验★之谈**
>
> 这个游戏可以锻炼宝宝的手指抓握能力，从而提高宝宝的精细动作能力。手的活动可以刺激大脑的发育，因此宝宝要多用小手去抓、挖、握、拍等，父母需要给宝宝多提供机会。

抓握各种东西

准备橡皮块、布条、海绵条、干净的芹菜茎之类的容易抓握的东西。在宝宝精神状态好的时候，妈妈拿一根布条塞在宝宝的手心，宝宝会无意识地抓住，如果宝宝没有反应，可在宝宝手心挠挠，刺激宝宝抓握，然后慢慢地试着从宝宝紧握的小手中往出抽布条，观察宝宝小手的反应，如果宝宝握得比较紧的话可以将宝宝的身体慢慢提起，有时候能提到半坐位，甚至能将整个上身提着坐起来。

如果宝宝握得不够紧的话就刺激宝宝继续抓握。妈妈在提起宝宝时一只手要护在宝宝的背后，以免宝宝手松开而跌倒，提起的时间不宜过长。抓握能力是宝宝天生的，且与智商无关，通过培训可以提高宝宝小手的精细动作能力。

> **经验★之谈**
>
> 有些妈妈担心宝宝的指甲抓破皮肤，就经常给他们戴手套或者包裹起来，这样不利于手与外界的接触，也会影响动作能力的发育。所以千万别给宝宝戴手套，可以在他们熟睡时细心地给他们修剪指甲，那样就不必担心抓破皮肤了。

1个月

看看自家的小窝

在光线明亮但不刺眼的时候，应给宝宝穿暖些，父母用两只手分别托住宝宝的背部和臀部，把宝宝竖抱起来，带着宝宝在室内看看周围。这时，如果还有其他人在身边，可以在宝宝眼前用手指指点点引起宝宝对周围这些东西的注意和兴趣，刺激宝宝抬头张望。如果只有父母两个人可用声音或面部表情逗宝宝抬头看父母的脸。

经验★之谈

这个游戏主要是帮助宝宝练习抬头的动作，锻炼宝宝颈部支撑力。但是由于此时宝宝的骨骼发育不完全，不能长时间竖抱着，因此这项活动持续的时间也不宜过长，1分钟左右即可。

要提醒父母的是，每次锻炼后要用手轻轻抚摸宝宝背部，帮他放松背部肌肉，让宝宝在父母的爱抚下感觉舒适。

◎语言能力

妈妈的悄悄话

对宝宝说悄悄话可随时进行，根据具体环境和场合选择具体的内容，当然内容要很简单，对于大人来说信息含量较少的话语，对于宝宝来说很陌生，很有吸引力，父母不妨用柔和亲切的声音、富于变化的语调经常与宝宝讲悄悄话。

宝宝熟睡后，妈妈用柔和的语调对宝宝说："宝宝睡觉梦见妈妈了吗？""宝宝，我是妈妈，妈妈喜欢宝宝"等。宝宝哭时可边哄边说"宝宝乖，不要哭了，妈妈给宝宝喂奶哦"，并观察宝宝的反应；喂奶时轻轻呼唤宝宝的小名，并跟宝宝说："宝宝饿了，妈妈给你喂奶了，宝宝真乖"等，可以反复说。听音乐时，告诉宝宝这首曲子的名字，是用什么乐器演奏的，问宝宝好不好听等。妈妈要说些简单适合宝宝状况的话，以培养宝宝结合声音和事实的能力，如在宝宝安静地躺着时，妈妈跟宝宝说："宝宝睡得真乖。"最好在话语里面出现"睡觉"的字眼。最好用普通话反复说，这样可以让宝宝储存标准、丰富的语音信息，有利于他们语言能力的发展。

宝宝"啊-啊-啊"

在宝宝精神饱满时逗他开心，提起宝宝的兴致。让宝宝舒服地躺在小床上或者仰卧在妈妈怀里，妈妈做各种表情或动作，或发出各种有趣的声音，如鸟叫、动物叫等，吸引宝宝注视妈妈的脸庞。

当宝宝将注意力集中在妈妈脸上时，妈妈不断地学着他们发出咿咿呀呀的声音，引发宝宝发出类似于"啊-啊"的声音，这时妈妈可模仿并拉长宝宝的声音，发出"啊-啊-啊"及"啊-啊-啊-啊"的声音，不断拉长宝宝的发音，诱发宝宝继续发出类似的声音。但是妈妈发出的声音不能过长，也不能复杂，最好是简单的元音字母，如"咿咿-咿""呀-呀-呀"等。

妈妈哪里去了

将宝宝放在床上，让他舒服地仰卧着，妈妈用表情和动作逗他，引起宝宝的注意，然后将脸庞靠近宝宝的小脸，让宝宝清楚地看到妈妈的脸后，妈妈转身躲到小宝宝的左侧。问宝宝："妈妈在哪里呢？"过几秒钟之后再出现在宝宝眼前。妈妈表情夸张地告诉宝宝："妈妈在这里！"如此左右躲藏，反反复复，并观察宝宝的反应。

经验★之谈

宝宝对妈妈的脸庞和声音有特殊的感情，妈妈的脸和声音能引起宝宝极大的兴趣和欢乐。当宝宝被逗乐时会发出"咿-呀-啊-哦"的声音。这种方法有利于宝宝储存语言信息，促进宝宝的言语能力发展。

1个月

◎数学能力

宝宝做体操

让宝宝平卧，先给他摇摇胳膊和小腿，活动四肢热热身。体操开始时，妈妈握住宝宝双手腕直臂上举至胸上方，然后弯曲肘部靠近身体双手抱于胸前，然后双手向两侧打开，再回到胸前，同时口里念着"1234、2234"等口令，可重复多次；上肢重复几遍后可握住宝宝小腿近膝盖部，然后向上做伸直抬腿运动，再还原，重复举起放下，口里念叨"1234、2234"等口令，反复几次。还可以根据宝宝的反应给宝宝做些肩关节、髋关节、踝关节的环绕动作，但动作一定要轻柔，环绕幅度要小。

经验★之谈

这样一边做体操一边念口令，让宝宝与数字接触，促使宝宝对数字有一个模糊的概念，培养宝宝对数字的兴趣和敏感性。

◎知觉能力

小手回来了

准备一块跟A4纸差不多大的布片或手帕，颜色要浅一点。妈妈摸摸宝宝的小手，引导宝宝举着小手玩，然后突然将布块挡在宝宝的眼睛和小手之间。妈妈可以好奇地问宝宝："宝宝的小手不见了，去哪里了呢？"当宝宝出现诧异的表情时妈妈再将布块拿开，让宝宝看到自己的小手，告诉宝宝："宝宝看，小手在这里呢。"并反复游戏。

经验★之谈

快满月的宝宝已经会玩自己的小手了，因此妈妈应该不失时机地为宝宝创造机会。通过这个游戏可以帮助宝宝发现自己与空间的位置关系，开发宝宝的空间智能，提高宝宝的空间感知能力。

发展视力

在宝宝出生两天后，你就可以用一个红色的小球，在宝宝的眼前10～15厘米处晃动。也可以伸出你的手指头，慢慢地把手移到一侧，同时喊宝宝的名字，他会试图让眼睛跟随你的手指转动。如果做到了，记得告诉他，他是个聪明的宝宝。然后重复上面的动作，把手移到另外一侧。

当宝宝稍大点儿的时候，也可以用一个活动的物体，放在距离宝宝眼睛20～25厘米处，帮助宝宝锻炼视力，因为尽管他的眼睛还不能聚焦于某一位置，但他已经可以看到这个物体了。如果一个物体是活动的，而且是闪闪发亮的话，宝宝会试图移动视线把它保留在视野之中。

养成良好的排泄习惯

宝宝出生半个月起，家长就要开始培养他定时定点排大小便的习惯。把便时，用"嗯"声表示大便，用"嘘"声表示小便。通过使用便盆，听声音加上姿势形成排泄的条件反射，在满月前后宝宝就懂得把大小便了。给宝宝把便既能培养宝宝与家长的合作能力，又能促进宝宝膀胱容量扩大，锻炼膀胱括约肌应有的功能，还能增进父母与宝宝的关系，是一种良好习惯和能力的训练。这样可以让宝宝有规律地大小便，对大人宝宝都有益。

经验★之谈

> 把大小便时应注意：大人挺胸坐正，不可压迫宝宝胸背而妨碍其呼吸。当宝宝打挺表示不愿意让把便时，应马上放下，停止训练，以免造成宝宝疲劳。不过，只要你有耐心，宝宝很快会建立起条件反射，而且很早就不会尿床了。

1个月

◎思维能力

宝宝和图形

父母准备一些颜色、形状不同的气球、挂铃、玩具娃娃、图片等，也可以从日常生活用品中选一些质地柔软，不易摔碎的东西，如手帕、彩布条、塑料小杯子、彩色包装袋、照片等。

将准备好的各种东西放在宝宝的小床上，妈妈双手扶着宝宝坐在床上，距离这些东西大概20厘米，摇晃某一件东西让宝宝注意，使宝宝自主去看这些小东西。每天进行1～2次，每次时间不要过长，4～5分钟即可。过段时间可换一些其他颜色和形状的东西。

> **经验★之谈**
>
> 在与各种图形颜色的接触中，宝宝会逐渐认识这些图形，在大脑中形成一种模糊印象，从而促进宝宝的形象思维能力发育。

妈妈的手不见了

在宝宝精神饱满时，让他平躺在床上，妈妈用手在宝宝面前做各种手指动作，还可以配合声音，吸引宝宝的注意力。再准备一个手套，颜色浅一些为好。在宝宝注意到妈妈的手时，妈妈可将一只手靠近宝宝的脸，摆出各种形状，然后在宝宝的注视下将手套慢慢戴上，将戴着手套的手在宝宝眼前晃动，并问宝宝："妈妈的手哪里去了，宝宝找找妈妈的手好吗？"观察宝宝的目光变化，看宝宝是目光停留在手套上，还是移向别处。然后妈妈在宝宝的注视下将手套取下来，露出手，告诉宝宝："妈妈的手在这里呢。"并用手摸摸宝宝。反复游戏几次。妈妈要有耐心，宝宝刚开始可能没有反应，这时不能放弃，要反复地给宝宝演示。

> **经验★之谈**
>
> 这个游戏的目的是让宝宝学会判断妈妈的手是否还在那里，从而促进宝宝判断思维能力的发育。

◎情绪与社交能力

宝宝认识家人

爷爷奶奶或其他亲戚朋友来家里时，抱着宝宝靠近他们的脸庞，用语言和动作吸引宝宝注意，并告诉宝宝这是谁，还可以让亲戚朋友们摸摸宝宝的脸蛋和小身躯，抱抱宝宝，逗宝宝玩。

此外，作为爸爸，应该尽量抽出时间与宝宝相处，与妈妈共同分担照顾宝宝的责任，这样不仅能增进父子感情，还可以让宝宝适应不同的人。爸爸要经常抱起宝宝，给宝宝穿衣服、换尿布、逗宝宝玩等。爸爸的抱法和妈妈不同，宝宝会感觉到爸爸的怀抱更有力，还可以将宝宝举起来逗宝宝开心。

多和宝宝亲昵

在宝宝吃奶、清醒时，妈妈用手轻抚宝宝的头和脸、五官、小脚小手；在宝宝熟睡时，妈妈可轻抚宝宝的小身躯，捏捏宝宝的小腿小胳膊；在宝宝哭闹时，妈妈可以亲亲宝宝的小脸蛋，抚摸宝宝全身，安慰宝宝；还可以常常挠挠小脚心和手心，揉揉宝宝的脚指头和手指头。

对于刚出生的小宝宝，妈妈是他的一切，因此妈妈要尽可能亲自照顾宝宝，温柔地、无微不至地给宝宝喂奶、换尿布、亲吻搂抱，让宝宝看到的总是妈妈的笑脸，听到的总是妈妈温柔的声音，随时感到妈妈的存在。

经验★之谈

爸爸最好和妈妈一同参与。可增强宝宝的安全感和对别人的信任感，培养宝宝的积极情绪。

经验★之谈

让宝宝接触不同的面孔，接触来自除父母外的其他亲人们的爱抚，这有利于培养宝宝大方开朗的性格，对未来的社交能力有所帮助。但贴身照顾宝宝的人最好不要经常变换，以免让宝宝产生不安全的心理。

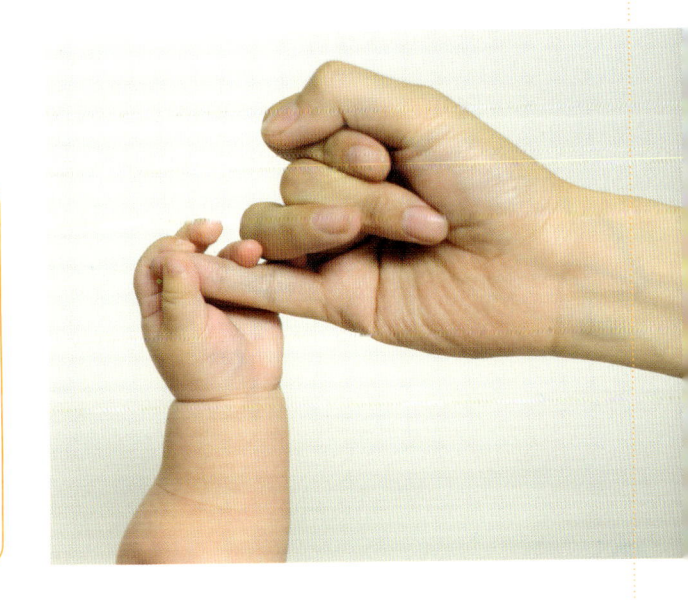

1个月

宝宝智能开发效果测试

序号	测试项目	选项	得分
1	第一次注视离眼睛20厘米处模拟妈妈面容的黑白图画	A.10秒以上 B.7秒以上 C.5秒以上 D.3秒以上	记分：不眨眼连续注视的秒数，每秒可记1分。10分为合格
2	离耳朵15厘米处摇动内装20粒黄豆的塑料瓶	A.转头眨眼（10分） B.皱眉（8分） C.纵鼻张口（6分） D.不动（0分）	10分为合格
3	大人将手突然从远处移至宝宝眼前	A.转头眨眼（6分） B.眨眼（5分） C.不动（0分）	5分为合格
4	手部的功能	A.双手可达胸前，可吸吮任一侧手指（6分） B.单手达胸前只吸一侧手指（5分） C.吸单侧拳头（3分） D.双手在体侧不动（1分）	5分为合格
5	放笔杆于宝宝手心	A.紧握10秒以上（10分） B.握住5秒以上（7分） C.握住3秒（5分） D.不握或握后马上放开（0分）	10分为合格
6	啼哭时大人发出同样哭声	A.回应性发音2次（10分） B.回应性发音1次（8分） C.停止啼哭等待（7分） D.仍继续啼哭（2分）	10分为合格

续表

序号	测试项目	选项	得分
7	大人同他讲话时的反应	A.发出喉音回答（12分） B.小嘴模仿开合（10分） C.停哭注视（8分） D.不理（0分）	10分为合格
8	逗笑：大人用手指挠宝宝胸脯发出回应性微笑	A.5天前（16分） B.10天前（14分） C.15天前（12分） D.20天前（10分） E.满月前（8分）	12分为合格（睡前脸部皱缩不经逗弄的笑不能算分）
9	用声音、姿势、便盆作条件出现的排便及排尿是在什么时候	A.15～20天（12分） B.20～25天（10分） C.25～30天（8分） D.不会（2分）	10分为合格
10	10天后俯卧时	A.头能抬起，下巴贴床（12分） B.眼睛抬起观看（10分） C.头转一侧，脸贴枕上（8分） D.头不能动，埋入枕上，由大人转动（4分）	10分为合格
11	扶腋站在硬板上能迈步（每迈一步记1分）	A.10步（10分） B.8步（8分） C.6步（6分） D.3步（3分）	10分为合格
12	俯卧时大人双手从胸部两侧将宝宝托起	A.头与躯干平，下肢下垂（8分） B.头与下肢均下垂（4分）	8分为合格

测试分析

1、2、3题测认知能力，应得25分；4、5题测精细动作，应得15分；6、7题测语言能力，应得20分；8题测社交能力，应得12分；9题测自理能力，应得10分；10、11、12题测大肌肉运动，应得28分。得分在110分以上为优秀，90～100分为正常，70分以下为暂时落后。哪一道题若在合格以下，可先再学习本月龄组的试题。若哪一题在合格以上，可跨过本阶段的试题，进行下个阶段能力组练习。

第二节 2个月的宝宝

宝宝智能发育状况

◎身体技能发育

这个月的宝宝虽然还不能主动张开小手,但是他能把握紧的小拳头放进嘴里吸吮。这时的宝宝攥拳头的特点是拇指放在四指内,而不是放在四指外面。

宝宝经历了短短1个月的成长,他的各项能力都已经出现了惊人的变化。这时的宝宝无论从外形还是智力方面都比刚出生时增长许多。

◎运动能力发育

这个时期宝宝的运动仍然以反射性为主。他的腿逐渐变得强劲,开始尝试伸直。虽然踢腿仍属反射性行为,但是比新生儿时期更有力量。手部运动的变化也增多了,并且手臂能够向外伸展。

◎视觉能力发育

1～2个月的宝宝最佳注视距离是15～25厘米,离得太远或者太近都会看不清楚。这时的宝宝两眼肌肉逐步发达,喜欢追随亮光和看鲜艳的东西,能够很容易地追随物体。

◎语言能力发育

这个月的宝宝虽然还不会说话,但是他已经有了表达的意愿。当父母和宝宝对话时,宝宝也会模仿大人的口型,并做出说话的动作。此时的父母应多与宝宝交谈,锻炼他的语言能力。

◎认知能力发育

宝宝开始学会寻找声源。用声音在宝宝头部周围引逗,宝宝会转头寻找声源。把玩具放在宝宝正面20厘米处,他能注视7秒以上。

◎社交能力发育

在这个月里,宝宝会开始留意他身边的人并聆听大人们的谈话。当周围人笑时宝宝也会随之开心。当宝宝开始出现开心、难过、激动等情绪时,父母应多对着宝宝做出各种面部表情,耐心地和宝宝交流,让宝宝模仿。

◎自理能力发育

宝宝排便的习惯在变化,一般会每天尿湿7～10次,这意味着他摄取的水分足够了。许多宝宝可能会改变排便习惯,从每天几次排便改为1天1次,甚至更少。如果宝宝排便柔软,容易排出,就不是便秘。

◎情感能力发育

宝宝已经开始近距离地观察妈妈的脸,他正学着读懂妈妈脸上的表情,学着对妈妈脸上的表情做出正确的回应。比如,当妈妈的表情显露出高兴的样子时,他也会用高兴的表情或声音回应。学会了察言观色的宝宝,能够更加留意他人的表情以及感受。

如果父母生活得很愉快,对生活充满了兴趣,就会对宝宝的健康成长产生好的影响。宝宝的思考和学习能力与他的感受密切相关。当他精力充沛或感觉愉快时,他更乐于观察、探索和玩耍;当人们注意他喜欢的东西时,他就能更好、更快地学会且记住新东西。如果你能让宝宝时刻觉得你爱他,这无疑会帮他更加健康地成长。

2个月

宝宝感知能力发育标准

◎动作

宝宝2个月时，俯卧位下巴离开床的角度可达45度，但不能持久。宝宝俯卧时，家长一定要在旁看护，防止因呼吸不畅而引起窒息。宝宝只要不是睡觉吃奶，手和脚就会不停地动，虽然不灵活，但动得很频繁。从出生到2个月的宝宝，动作发育处于活跃阶段，宝宝可以做出许多不同的动作，面部表情逐渐丰富。

有时宝宝在睡眠中也会哭出来，撅着小嘴好像很委屈的样子；有时又会出现无意识的笑。其实这些面部表情都是宝宝吃饱后，安详愉快的表现。

◎触觉

宝宝到了1个月大的时候，口腔就开始对外来的触觉刺激有所反应，并能通过皮肤感知周围的环境。2个月以内的宝宝触觉发展主要以放射动作为主，这些反应都是为了觅食或自我保护。

◎视觉

宝宝能看清活动的物体是在1.5~2个月时。有些宝宝可能会出现斜视，但是宝宝可在8周前自行矫正，双眼活动能一致。

◎心理

宝宝先天的本能就是吸吮，吃饱后被竖直抱起，妈妈轻轻地拍拍他的后背，有时宝宝会打几个嗝出来，之后他会有一种满足感。如果是在光线微暗的房间里他就会睁开眼睛，喜欢看着妈妈慈爱的笑容，喜欢躺在妈妈的怀抱中，听着妈妈的心跳声和妈妈的说话声。

◎听觉

宝宝经过1个多月的喂养，对妈妈说话的声音已经很熟悉了，如果听到陌生的声音他会害怕，如果声音很大他会哭起来。

因此，要给宝宝听一些轻柔的音乐和歌曲，对宝宝说话、唱歌的声音都要悦耳。宝宝非常喜欢家人与他交流，当家人不理会他时他会感到寂寞。宝宝此时的听力有了很大的发展，对大人跟他说话能做出反应，对突然的响声能表现出惊恐。

经验★之谈

到2个月的时候，有的宝宝已能辨别声音的方向，能安静地听音乐，会对噪声表现不满。

聪明宝宝这样教

◎学会读懂哭闹的宝宝

所有的宝宝在刚刚出生的几个月，因为神经系统发育还不够成熟，大多都有一个"易怒期"。大部分刚出生的宝宝每天会啼哭大约3个小时，而到第6周的时候尤其厉害。但大约到3个月时，大部分的哭闹现象会趋于平稳，每天会减少到1个小时左右。

宝宝不停地哭闹，每当这时，做妈妈的总是不知所措，用尽了所有的方法，宝宝依然哭闹不止。如果宝宝对你的安慰没有任何反应，仍然是大哭大闹，好像是受了天大的委屈，这可能是当妈妈的没有理解宝宝哭闹的原因，没有满足宝宝的需求，当然这并不是妈妈的失败。

宝宝哭闹除了身体不舒服外，一般情况下都是因为需求得不到满足，如饿了要吃奶、想让妈妈抱、想到屋子外面去等等；一些宝宝对外界的声音、气味、特别敏感，如果环境嘈杂引起他们的不满，就会以哭闹的方式来"反抗"。

有的时候宝宝不是因为饿了、尿湿了或者疲倦而哭，而是完全没有道理的哭泣，这种时候该怎么安抚他呢？几乎所有妈妈都曾为宝宝的哭泣而感到精疲力竭，下面就介绍一些安抚宝宝的方法，但不是对所有宝宝都有效果，或许一些方法只是在一个时期内有效，很多时候要看宝宝的情绪。

2个月

宝宝哭闹的解决方法

1	妈妈可以抱着宝宝，动作轻柔地、有节奏地或左右或上下来回稳定地摇动宝宝，这种摇动和宝宝在妈妈子宫时的感觉很像，能让宝宝平静下来
2	妈妈可以轻柔地抚摸小宝宝，因为抚摸所带来的触觉刺激通过皮肤传入到宝宝的大脑神经，也能让宝宝平静下来，且长时间舒适的抚摸比短时间的抚触更有效果
3	让宝宝听轻柔、悦耳的摇篮曲也是非常经典的安抚方式，这特别适合从睡梦中惊醒的宝宝，摇篮曲能帮助他再次入睡
4	有时不去安抚宝宝，让他自己哭一会儿，说不定还能让他找到安抚自己情绪的方法。还有些宝宝一定要在睡觉前哭一会儿才能入睡，如果是这样的情况，让宝宝哭几分钟不去安抚也没关系
5	带宝宝到外面兜风，这个办法对很多宝宝都很奏效

◎大动作能力

踢彩球

准备几个彩色塑料球或彩色气球，用细线吊在宝宝小脚上方5～10厘米处，保证宝宝能看得见，也能伸腿碰得到。

让宝宝仰卧着，妈妈用手触碰彩球，让它们动起来，并配合声音和动作吸引宝宝的注意力，宝宝看见球在跳动或听到声音会很兴奋，便努力蹬腿，屈伸膝盖，双腿上举或随球而动。如果宝宝只是看着，没有伸腿去踢的动作，妈妈可拉着宝宝的小脚触碰彩球，碰到时惊喜地对着宝宝欢笑或者用肯定的声音鼓励宝宝，如："呀，踢到了，再踢一个。"慢慢地宝宝会自己试着伸腿去踢。

经验★之谈

这个游戏可以活动宝宝的双腿，锻炼宝宝下肢肌肉，下肢运动扩大到四肢和全身运动，可促进宝宝的大动作能力发展。

四肢运动

在宝宝清醒状态时，让宝宝两腿合并平躺在床上，双手垂直放在身体两侧。妈妈双手轻轻握住宝宝的小手，拉着宝宝的胳膊做伸展、高举、内外小角度旋转、屈肘等动作，边做边念着"展开、举起、放下、再展开"等，上肢做完了就换做下肢运动。

做完躺卧体操后，根据宝宝的反应和状况可再做"站立体操"，爸爸轻轻地扶着宝宝的腰，帮宝宝站立起来，让宝宝握住妈妈的两个拇指，妈妈用其他四指拉着宝宝的手和前臂，轻轻举到宝宝的身体两侧，以肘为轴做伸直和弯曲动作，然后将宝宝的手臂向上举起，超过宝宝的头，再回到平举，然后至身体两侧。如此反复2~3次。

经验★之谈

> 父母的动作要轻，旋转幅度要小；每次时间不要太长，最好坚持每天定时锻炼。

◎精细动作能力

小手游戏

在宝宝睡醒时，让他仰卧在妈妈怀里，面朝妈妈，给他的手上系一块彩色布条，或者一个哗啦响铃，吸引宝宝观察自己的小手。

妈妈先拉着宝宝的手慢慢晃动，让宝宝看见彩色布条或听到铃声，并用手指轻轻摩挲着宝宝的手指，然后拉着宝宝用一只小手触摸另一只，让宝宝边看着自己的小手边摆弄自己的小指头，或者摆弄系在手腕上的布条或响铃。

妈妈可以帮着宝宝摆弄，如揉一揉宝宝的小指头，拉着宝宝的左手示指在右手心画圈，拉着宝宝两只小手互相对拍，拉着宝宝的小手捏布条等。

经验★之谈

> 需要注意的是妈妈揉捏宝宝手指时动作要轻柔，尽量让宝宝自己主动地玩。

2个月

经验★之谈

父母是宝宝最好的"玩具"，宝宝最喜欢的是与父母皮肤肌肉接触，因此生活中应该多和宝宝做此类亲子游戏。在玩头发游戏中一定要注意别让宝宝把碎头发带进嘴里。

妈妈的头发

妈妈洗头后，最好不要喷洒啫喱水之类的东西，等头发八成干的时候，拉着宝宝的小手拉扯自己的头发，如宝宝手劲比较大，拉扯妈妈的长发时会让妈妈觉得头皮发痛，那可以将头发扎起来，让宝宝玩妈妈的"马尾"，这样就不会揪到头发根。

还可让爸爸拉着宝宝的小指头将头发缠绕在宝宝手指上，让宝宝的指头与妈妈柔细的发丝充分接触，尽情地拉扯、缠绕、搓揉妈妈的头发。还可以让宝宝玩爸爸的短发。

◎语言能力

婴儿谣

在宝宝清醒或者要睡觉时都可做这个游戏，并且在宝宝有睡意时应该选择一些更缓慢柔和的歌曲。妈妈抱着宝宝，与宝宝面对面，边摇晃着宝宝边给宝宝哼儿歌，满月的宝宝已经能发出一些模糊的短音了。

> **小小的船**
>
> 弯弯的月儿小小的船，小小的船儿两头尖，我在小小的船里坐，只看见闪闪的星星蓝蓝的天。

呢喃说话

在日常生活中父母要多注意倾听宝宝发出的一切声音，2个月的宝宝在发出"哦""啊""呜""呀"等声音时父母要认真倾听，及时回应宝宝，如"哦，宝宝说话了，嗯，宝宝想说什么呢？"等等。

妈妈还可以给宝宝哼一些自编的简单曲调，如"咿咿—咿咿""呀呀—呀""啊啊—啊—啊"等，妈妈要将速度放慢，反复哼唱，引导宝宝模仿妈妈发音。

经验★之谈

经过长时间的练习，宝宝慢慢会用固定的口形发音，有时甚至会发出两个字节的音，如"啊噗""咿呀"等。经常与宝宝"对话"，可刺激宝宝说话的热情，提高宝宝的语言能力。

◎数学能力

数学歌儿

抱着宝宝躺在腿上,用手支起宝宝的头,给宝宝唱儿歌,将简单数字融入儿歌。

> **跳舞歌**
>
> 洋娃娃和小熊跳舞,跳呀跳呀一二一,他们在跳圆圈舞呀,跳呀跳呀一二一,小熊小熊点点头呀,点点头呀一二一,小洋娃娃笑起来啦,笑呀笑呀哈哈哈。

小手拍一拍

在宝宝睡醒时或吃完奶精神状态最佳时,给宝宝穿上比较宽松的衣服,抱着宝宝坐在床上,让宝宝坐在妈妈的腿上,背贴着妈妈的胸怀,妈妈用双臂固定好宝宝,用双手拉着宝宝的双手"打花花手",一边念着口令:小手拍一拍(拉着宝宝的手拍一下)小手拍两下,一、二(拉着宝宝的手拍两下)小手拍三下,一、二、三(拉着宝宝的手拍三下)一下、两下、三下……

经验★之谈

宝宝还很小,儿歌里数字不要太多,两三下就可以了,每次玩的时间也不要太长,以免宝宝坐久了感到吃力。

◎知觉能力

小手动呀动

自编一首有关宝宝小手运动类的儿歌:左手举高高,右手藏起来,两手举高高,两手握握手;右手举高高,左手藏起来,两手拍拍响,两手放下来。

在吃奶前或吃奶后1个小时,让宝宝平躺在床上,边给宝宝唱儿歌边拉着宝宝的手做动作,跟着儿歌的内容分别将宝宝的手举到头上方,藏到宝宝身侧,两手都举起来,拉着两只小手握手、拍手,最后放回原位。如此反复1~2次。

经验★之谈

每次时间不宜过长,以免累着宝宝的手和胳膊。妈妈唱儿歌时声调最好抑扬顿挫,歌曲的"韵律"最好与宝宝的动作协调。

宝宝在玩游戏时可以感受到空间位置变化,锻炼了宝宝的空间感知能力。

2个月

小眼睛追风车

准备几个彩色小风车，可买现成的风车，也可用彩色硬纸片自己制作。

妈妈手扶着宝宝的双腋，让宝宝半趴在床上，爸爸拿着风车在宝宝眼前转动，当宝宝注意到风车时，缓缓将风车移向宝宝的左侧或右侧，来回缓缓移动，但距离不要太偏，以免宝宝看不到，宝宝的眼睛跟着风车走，然后将风车在宝宝眼前绕动，引导宝宝追视。如果宝宝刚开始不追视，不能心急，可附加声音或手指动作等引起宝宝的注意。

经验★之谈

宝宝喜欢色彩鲜艳的东西，父母可利用宝宝的这个喜好，经常给予不同的颜色刺激，让宝宝向不同方向追视，锻炼宝宝的空间智能，提高宝宝的空间感知能力。

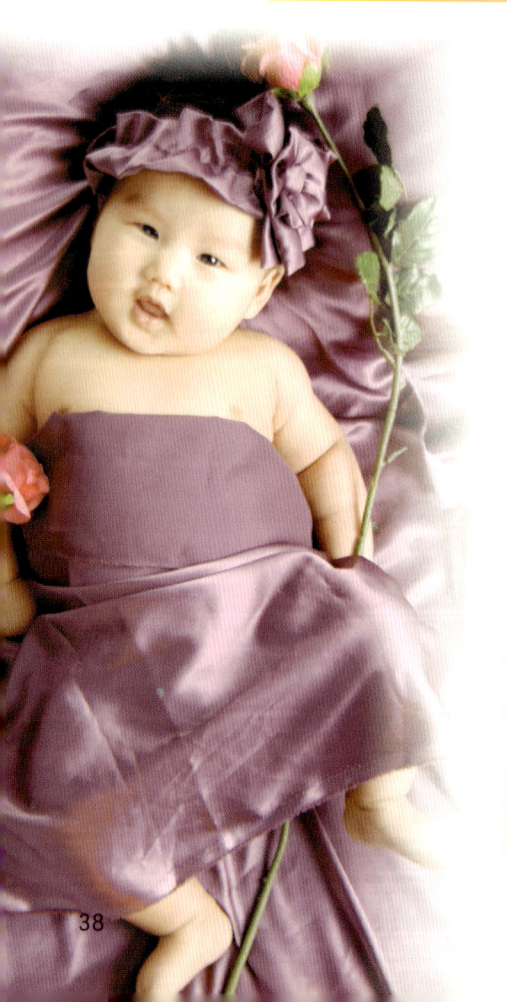

宝宝嗅一嗅

准备些带香味的物品，如饭菜、鲜花、水果等，让宝宝闻。可将新鲜的花瓣拿到宝宝的鼻子前让宝宝闻闻，告诉宝宝这是花儿，闻鲜花时不要让宝宝的鼻子太靠近，以免花粉过敏。

将刚烧好的饭菜放到小盘子里端到宝宝鼻子跟前，让宝宝闻几秒后，告诉宝宝："饭菜多香呀！"

将橘子或者香蕉切开给宝宝闻闻，告诉宝宝："这是橘子，宝宝香不？"或者"这是香蕉，香不香呀？"等。

经验★之谈

不要用香味过浓、有刺激性味道的东西让宝宝闻，如香水等。不同味道的香气可刺激宝宝的嗅觉发育，提高宝宝的嗅觉能力。

◎思维能力

小手动呀动

妈妈平时注意观察宝宝的排尿规律，大概摸清宝宝的排尿规律后，一旦到了排尿时间就将宝宝抱起来，两手托着宝宝的双腿，让宝宝的背靠着妈妈的前胸，口里念着"哗哗哗"或"嘘嘘嘘"声，刺激宝宝小便。

如果宝宝形成了条件反射，某天在排尿时发出动作或声音信号，妈妈要夸奖宝宝，"宝宝真乖，知道小便了。"并亲亲宝宝，抚摸宝宝。

认识颜色

准备一些颜色丰富、形状各异的图形，如七巧板、积木块等，也可以从彩色杂志或图书内剪一些图片，或者用彩笔在硬纸块上画一些图形。

让宝宝躺在床上，拿出一个红色图片在宝宝眼睛上方30厘米左右停留下来，引导宝宝注视图片，等宝宝注意力集中到图片上后，告诉宝宝："这是红色"。再拿出一个绿色或黄色图片，以此类推，但每次图片最好不要超过3种，每次游戏时间不要过长，4～5分钟即可。

经验★之谈

通过对不同颜色图形的感知和认识，可促进宝宝的形象思维能力发展。

◎情绪与社交能力

碰碰头

在宝宝吃完奶情绪状态较佳时，妈妈两腿稍弯坐在床上，手扶着宝宝的双腋，将宝宝放在妈妈的膝盖上，一边注视着宝宝，一边口里念"梆-梆-梆"，念最后一个"梆"时音调高一点，头微微向前倾，轻轻碰触一下宝宝的小额头。如此反复，直到宝宝开心。

经验★之谈

妈妈在和宝宝玩碰头时要保持开心愉快的心情，从而引起宝宝的兴趣，让宝宝在游戏中享受欢乐，同时要边玩边和宝宝说话，"宝宝的头真硬，碰得妈妈的头很痛哦！"这个游戏可激发宝宝与人交往的热情。

宝宝跳一曲

打开音乐，声音不要太大，妈妈抱着宝宝随着节奏翩翩起舞，即使不会跳舞的妈妈也可以做，只要随着节奏动起来即可，如前跨步、后跨步、左转、右转、前后转，并不断变化着宝宝在妈妈怀里的姿势。边跳边注视着宝宝的表情和反应，不断用表情和声音与宝宝传递感情，逗宝宝笑。可以变换着音乐的种类，在不同的旋律中翩翩起舞。

2个月

宝宝智能开发效果测试

序号	测试项目	选项	得分
1	看画	A.对喜欢的图画笑，对不喜欢的图画一扫而过（10分） B.对所有的图画表现一样（6分） C.从不看画（0分）	10分为合格
2	追视红球	A.向左右追视达180度，头和眼同时转动（10分） B.仅双眼转动，幅度小于60度（6分） C.不追视，双眼不动（0分）	10分为合格
3	看手，仰卧时伸手到眼前观看	A.10秒以上（12分） B.5秒（10分） C.3秒（6分） D.不看（0分）	10分为合格
4	随声转头	A.随妈妈的声音转头观看（10分） B.眼看不转头（5分） C.不动（0分）	10分为合格
5	东西放入手心	A.紧握放入口中（12分） B.握紧达1分钟（10分） C.握住马上放手（8分） D.不握掉下（2分）	10分为合格
6	高兴时发出元音：a、e、i、o、u等	A.3个（10分） B.2个（6分） C.1个（3分） D.不发音（0分）	10分为合格

续表

序号	测试项目	选项	得分
7	饥饿时听到脚步声或奶瓶声	A.停哭等待（10分） B.哭声变小（8分） C.仍大声啼哭（2分）	10分为合格
8	逗笑时	A.45天前笑出声音（12分） B.45天后笑出声音（10分） C.微笑无声（8分） D.不笑（0分）	12分为合格
9	用勺子喂钙剂时	A.吸吮吞咽（8分） B.舌头顶出（4分）	8分为合格
10	俯卧抬头	A.下巴离床（10分） B.下巴贴床（8分） C.抬眼观看（4分） D.脸全贴床（2分）	10分为合格
11	竖抱时	A.头部直立不用扶持（6分） B.头垂前方（4分） C.头向后仰（2分）	6分为合格
12	扶腋在硬板床上自己迈步（每步1分）	A.10步（10分） B.8步（8分） C.6步（6分） D.4步（4分） E.不动（0分）	4分为合格

测试分析

1、2、4题测认知能力，应得30分；3、5题测精细动作，应得20分；6、7题测语言能力，应得20分；8题测社交能力，应得12分；9题测自理能力，应得8分；10、11、12题测大肌肉运动，应得20分。总分在110分以上为优秀，90～100分为正常，70分以下为暂时落后。哪一道题若在合格以下，可先复习0～1个月相应的试题或该能力组的全部试题，再学习本月龄组的试题。若哪一题在合格以上，可跨过本阶段的试题，进行下个阶段能力组练习。

第三节 3个月的宝宝

宝宝智能发育状况

◎脑细胞能力发育

这个月的宝宝已经正式地进入婴儿期。他的皮肤变得细腻、有光泽、弹性好，脸部皮肤变得干净，奶痂消退，湿疹减轻。宝宝的眼睛也越来越有神，能够有目的地去观察周围的新鲜事物。

◎视觉能力发育

宝宝的眼睛更加协调，两只眼睛可以同时运动并聚焦。宝宝已经认识奶瓶，看到大人拿着奶瓶，就知道自己到了吃饭或喝水的时间。宝宝的追视能力也提高了不少。当妈妈在床的一边和宝宝讲话时，爸爸突然在床的另一边鼓掌，这时宝宝会马上转移视线去看爸爸。此时的宝宝最喜欢观看快跑的汽车、会跑的小狗。妈妈要经常让宝宝到户外观察活动的物体，对提高宝宝的认知能力会有所帮助。

◎语言能力发育

这个月的宝宝开始有了积极要"说"的表现，父母可以听到宝宝舒服、高兴时发出的声音，比如"啊""哦""呦"等。宝宝越高兴，发音就会越多。

◎肢体能力发育

宝宝已经能够更好地控制自己的身体。在此之前，他还不能动作协调地伸胳膊踢腿，现在，则能比较自如地移动胳膊和腿了。宝宝在趴着的时候，可能还会做出用膝盖爬行的动作。

宝宝还无法自己去抓东西。不过，如果父母用一个玩具碰他的手，他的手会伸向玩具。当宝宝玩耍时，手能抬到头顶；他也能扭动身体，把头从一边转到另外一边；他最拿手的就是把手放到嘴里吮吸。

◎整体能力发育

仔细观察的话，你会发现宝宝运用眼睛、耳朵和双手的方式发生了一些变化。

两个月大的宝宝一般会有如下表现：他会经常地去观察自己的手；他的双手会经常地张开着，这使他能够触摸到更多的东西；他在了解软硬之间的差异，他喜欢大人把软软的东西放到他手里；他能看到几米远的物体，而且特别喜欢看移动的物体或人；他会循声做出反应，朝着声音的来源张望；当听到某个声音时，他会停下正在做的动作，直到弄清楚声音的来源为止。

宝宝感知能力发育标准

◎动作

宝宝仰卧时，大人轻轻拉他的手和头时宝宝可以自己稍稍用力了，不完全后仰。他的双手也可以从握拳姿势逐渐松开。

如果给他小玩具，他可无意识地抓握片刻；要给他喂奶时，他会立即做出吸吮动作。这个时期他已经会用脚踢东西。

◎感觉

当宝宝听到有人与他讲话或有特别的声响时，他会认真地听，能发出咕咕的应和声，会用眼睛追随走来走去的人。如果宝宝满2个月时仍不会笑，目光呆滞，对背后传来的声音没有反应，应该检查一下宝宝的智力、视力或听力是否发育正常。

◎语言

宝宝在有人逗他时，他非常高兴，会笑，并能发出"啊""呀"的语音。但发起脾气来，哭声也会比平常大得多。这些特殊的语言是宝宝与大人情感交流的方式，也是宝宝意志的一种表达方式，家长应对这种表示及时做出相应的反应，才能帮助宝宝语言发育。

◎心理

这个月的宝宝对外界的好奇心与反应不断增多，开始用咿呀的发音与家人对话。这个月的宝宝脑细胞的发育正处于突发生长期的第二个高峰前期。

这个时期的宝宝最需要人来陪伴，当他睡醒后，最喜欢有人在身边照料他、逗引他、爱抚他、与他交谈玩耍，这样他才会感到安全、舒适和愉快。

3个月

聪明宝宝这样教

◎如何利用颜色影响宝宝的智力

宝宝的视觉似乎特别钟情于颜色，当他一降临这个世界，就对色彩怀有浓烈的兴趣。在3~4个月时，宝宝就有了对色彩的感受力。生活中处处充满色彩，小宝宝经常接触的颜色主要有衣服、玩具、卧室的布置等，因此父母应该在这方面多留心，给宝宝提供更多色彩刺激机会。

父母可在宝宝的床上方挂满各色大气球、纸花等，并不时摆动；在宝宝床周围的墙壁上也可以挂一些东西，或贴一些彩色图画等，这样宝宝一睁开眼睛，便能有一个彩色环境的熏陶。但不要让宝宝长时间盯着一件东西，否则可能导致他们目光呆滞，甚至形成斜眼病。

◎大动作能力

爸爸在这呢

妈妈抱着宝宝坐在床上或站在地上，爸爸和妈妈一起逗宝宝开心，充分调动宝宝的情绪，使宝宝注意力集中。然后爸爸藏在宝宝的侧面或背后亲切地呼唤宝宝："宝宝，爸爸在这呢！"刺激宝宝转头寻找声源。当宝宝有转头的细微动作时爸爸突然出现在宝宝前面，告诉宝宝："爸爸在这呢，宝宝真棒！"父母可以换角色，反复做游戏。

经验★之谈

> 宝宝喜欢爸爸低沉的声音和妈妈温和的呼唤，这个游戏利用宝宝对父母声音的特殊感情刺激宝宝转头，锻炼宝宝颈部肌肉和颈部的运动能力。

翻身

让宝宝平躺在床上，妈妈拿着宝宝喜欢的摇铃，在宝宝左侧摇动，并用语言吸引宝宝转身："拨浪鼓""咚咚咚"，如果宝宝不会侧转，或者只是将头转歪过来，妈妈可帮助宝宝，先将宝宝的右腿拉着搭到左腿上，然后用手推推宝宝的肩膀和背，帮宝宝翻过来。妈妈在右侧摇动拨浪鼓，吸引宝宝向右侧转身，方法和左边相同。每边转2~3次即可，每天都坚持训练。

◎精细动作能力

弹响指

妈妈抱着宝宝坐在自己怀里,让宝宝呈仰卧状,面向妈妈,妈妈微笑着注视宝宝,吸引宝宝的注意。妈妈提着毛绒球在宝宝眼前晃动,然后用毛绒球轻轻地在宝宝的脸上、脖子上碰触,刺激宝宝用手抓球。

这个月宝宝双手能在胸前互握玩耍,要给他更多够物抓握的机会。妈妈还可以在宝宝看得见的地方悬吊带响玩具,扶着他的手去够取、抓握、拍打。悬吊玩具可以是小气球、吹气娃娃、小动物、小灯笼、彩色手套、袜子等。每日数次,每次3~5分钟。

小手叮当响

准备一个小系铃,给宝宝洗干净小手,修剪好指甲,将铃铛系在宝宝的左手示指或中指上,拉着小手摇几下,让铃铛发出清脆的响声,告诉宝宝:"小铃铛叫呢,宝宝摸一下。"然后拉着宝宝的右手去摸左手上的铃铛。铃铛的声音会吸引宝宝继续玩弄铃铛和小手,慢慢地宝宝会学会自己玩了。下次玩时可将铃铛系在右手上,经常两手换着玩。

妈妈可以在宝宝手腕上戴串彩色铃铛,刺激宝宝对自己小手感兴趣,让他的两只手主动摆弄。通过观察和玩小手促进宝宝小手的精细动作能力。

◎语言能力

三字儿歌

父母平时多积累一些儿歌,最好是三四个字为一句,节奏明快、简单。抱着宝宝,一边摇一边给宝宝唱儿歌:

> **拔萝卜**
>
> 小花猫,拔萝卜,拔不动,摔地上,小黄狗,来帮忙,大萝卜,晃一晃,小黑猪,小山羊,一齐来,有力量,一二三,号子响,拔出个萝卜粗又长。

经验★之谈

多姿多彩的三字儿歌可丰富宝宝的语言信息,让宝宝通过明快的语音节奏感受到语言的美妙,从而促进宝宝的语言发展。

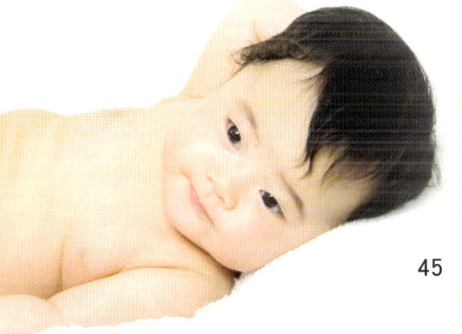

3个月

宝宝初学发音

妈妈抱起宝宝，将宝宝贴在离自己脸庞15～30厘米处，逗宝宝开心，将宝宝的注意力集中在妈妈的脸上。在宝宝注视着妈妈的表情和嘴型时，发"啊""哦""诶""呦"等音，嘴型要夸张些，让宝宝跟着学，如跟宝宝说"宝宝念啊""啊""看妈妈的嘴"等。妈妈速度要很慢，不断地重复，引导宝宝模仿。

发音训练是一个漫长的过程，不能急于求成，宝宝有时候可能没有反应，有时候会在妈妈的引导下发音，但可能不准确，如妈妈教宝宝念"啊"，宝宝会发出"哦"或"嗷"的音，妈妈一定要有耐心，反复教他念。

◎数学能力

这个大，这个小

准备一大一小两个颜色相同、大小差距较大的球。扶着宝宝坐在床上，将球放在宝宝眼前，指着大球跟宝宝说："这个大，大球。"并在"大"字上加重音，再指着小球告诉宝宝："这个小，小球。"同样在"小"字上加重音。

然后拿起大球放在宝宝怀里，拉着宝宝的双手去抱去摸，并不断重复"大"字，玩一会儿后，换上小球。让宝宝充分体会抱着大小球时的不同感觉。

经验★之谈

父母应该尽量多创造机会让宝宝接触生活中的数学元素，提高宝宝对数学的敏感性，促进宝宝数学智能的发展。

◎知觉能力

鸭子要跑了

准备一个色彩鲜艳的玩具鸭子，扶着宝宝坐起来。妈妈拿着小鸭子在宝宝面前摇一摇，让鸭子"嘎嘎"叫一叫，吸引宝宝注意，给宝宝说："鸭子要跑了！"迅速将鸭子藏到背后，然后躲开宝宝的视线迅速将鸭子伸到宝宝的右侧，"嘎嘎，鸭子在这里呢！"

妈妈再将玩具鸭子藏起来，躲过宝宝的视线，迅速将鸭子突然伸到宝宝的左侧，"嘎嘎，鸭子在这里呢！"

不倒翁，左右摇

买一个色彩鲜明的大个头不倒翁，最好是两三种颜色相间。在地板上铺一个厚垫子，扶着宝宝坐在上面，或者将宝宝抱着坐在腿上，将不倒翁放在宝宝前面的地板上，用手触动使它左右摇摆，一边告诉宝宝"看，不倒翁给宝宝问好呢！"以吸引宝宝的注意力，一边观察宝宝的眼睛，看他的目光是否紧跟着不倒翁移动。

经验★之谈

通过让宝宝追视左右摇摆的不倒翁，培养宝宝视觉敏捷性，提高宝宝的视知觉能力。

◎思维能力

唱歌跳舞的小玩具

将一些发声的玩具，如风铃、挂铃、音乐彩球、智能鸭子等挂在宝宝抬眼能够看到的地方，一次挂一个就可以了。在宝宝清醒时，捏按玩具让它发出声音，激发宝宝的好奇心，然后在宝宝的注视下，慢慢移动玩具，让玩具边移动边发出声音，宝宝会用目光追逐玩具。

◎情绪与社交能力

小宝宝照镜子

准备一面稍大些的镜子。妈妈拿着镜子在宝宝面前慢慢移动，一边告诉宝宝，"宝宝看，镜子里的小宝宝在看我们呢！宝宝向弟弟问好啊！"等，以吸引宝宝注视镜子里的自己。

然后妈妈拉着宝宝的手触摸镜子里的宝宝，和镜子里的宝宝招手，妈妈还可学着宝宝的样子向镜子里的宝宝发出咿呀的"问候"语，逗宝宝跟着妈妈向镜子里的宝宝咿呀说话。

经验★之谈

通过让宝宝照镜子，和镜子里的宝宝"交往"，可培养宝宝的良好情绪，提高宝宝的自我意识和交往能力。

哪个手牵着铃铛

准备一根彩绳和一个带铃铛的大花球，用绳子的一头将大花球和铃铛吊在宝宝的床上，保证宝宝抬眼能看得到；绳子的另一头绑在宝宝的左手腕上。妈妈握着宝宝的左手摇动，让大花球动起来，带动着系在上面的铃铛作响，然后妈妈放开手让宝宝自己玩。

宝宝会无意识地挥动着四肢，偶尔会牵动花球，使铃铛作响，多次以后宝宝会慢慢意识到挥动左臂能使铃铛作响，因此会有意识挥动左臂。父母不能急于求成，要慢慢训练，让宝宝在愉悦中感知、判断。

3个月

宝宝智能开发效果测试

序号	测试项目	选项	得分
1	认妈妈	A.见到妈妈主动投怀（5分） B.妈妈离开时哭叫（4分） C.对谁都一个样（1分）	5分为合格
2	追视红球	A.头颈活动，上下左右环形追视（9分） B.会上下追视（6分） C.会左右追视（3分） D.小于60度左右追视，眼睛动也不动（1分）	9分为合格
3	眼看双手	A.互相抓握玩耍，抓脸、衣服、被子（10分） B.手乱抓眼睛看不着（6分） C.手不会抓物（0分）	10分为合格
4	牵铃的绳子套在某一肢体上	A.知道动哪一肢体能够使铃打响（12分） B.全身滚动使铃响（10分） C.不会牵绳弄不出声音（2分）	12分为合格
5	宝宝发长元音或双元音	A.3个（9分） B.2个（6分） C.1个（3分）	9分为合格
6	大人讲话时宝宝的反应	A.大声答话（12分） B.小声答话（10分） C.笑而不答（8分） D.毫无表示（0分）	10分为合格

续表

序号	测试项目	选项	得分
7	笑	A.见熟人笑，对镜子笑（10分） B.见人就笑（8分） C.人逗才笑（6分） D.很少笑（4分）	10分为合格
8	识把	A.会做表示，白天很少尿湿床铺（10分） B.偶然成功1次（6分） C.常用尿不湿，不把（0分）	10分为合格
9	翻身90度	A.仰卧转侧卧（12分） B.俯卧转侧卧（10分） C.侧卧转仰卧（8分） D.侧卧转俯卧（6分）	10分为合格
10	俯卧抬头	A.抬起半胸用肘支撑（10分） B.抬头，下巴离床（8分） C.眼睛往前看，下巴贴床（6分）	10分为合格
11	俯卧：大人双手从两侧托胸并举起宝宝	A.头躯干和髋部呈直线，膝屈呈游泳状（10分） B.头躯干呈直线，下肢下垂（6分） C.头及下肢均下垂（2分）	10分为合格
12	扶腋站在硬板上迈步	A.5步（6分） B.4步（5分） C.3步（4分） D.1步（2分）	5分为合格

测试分析

1、2题测认知能力，应得14分；3、4题测精细动作，应得22分；5、6题测语言能力，应得19分；7题测社交能力，应得10分；8题测自理能力，应得10分；9、10、11、12题测大肌肉运动能力，应得35分。总分在110分以上为优秀，90～100分为正常，70分以下为暂时落后。哪一道题若在合格以下，可先复习1～2个月相应的试题或该能力组的全部试题，再学习本月龄组的试题。若哪一题在合格以上，可跨过本阶段的试题，进行下个阶段能力组练习。

第四节 4个月的宝宝

宝宝智能发育状况

◎**身体技能发育**

4个月的宝宝已经是个小人儿了，已经有了思维和记忆。这个月的宝宝小手大多数时候都张开着，当有人把东西放进宝宝手心，他就会握住，但他还不会自己主动去抓。但是宝宝小手已经会摸自己的小脸了。

宝宝已经能抓住自己的衣服、小被子不放了，会摇动放在手心的拨浪鼓，并看着它晃来晃去，手眼协调动作开始产生了，头眼协调能力也越来越好了，两眼能追视物体。此时，如果玩具从宝宝的手中滑落掉在地上，他已经会用眼睛去寻找它了。他已经能够用手臂支撑头部和上身，和床面呈约90度角。

宝宝也开始学会翻身了，如果妈妈竖抱他的时候，他的头部已经很稳定，不再软绵绵地东倒西歪了。如果妈妈扶着宝宝的腋下时，也可以站立片刻。妈妈扶着他站起来时，他可以用脚支撑自己身体的部分重量；当宝宝俯卧时，他能够把头抬起来10秒或者更长时间。

在宝宝清醒的时候，他的胳膊和腿会不停地动，他可能是在高兴地向父母打招呼，也可能是在告诉大人他在说什么；当他有话要说或想干什么事情的时候，他还会频繁摆动自己的头，让大人注意他。

宝宝现在不喜欢哭了，只要有人陪在他身边他就很开心，会发出咕咕声，还会低声呜咽或者咯咯地笑。

当父母和他说话时，他也会努力去回应，但是宝宝现在只能发出较长时间的尖叫声或者其他声音，还不能发出父母能听懂的声音。

◎认知能力发育

当宝宝一个人躺着的时候，会感觉很寂寞，如果父母进来，他会把整个身体都转过来。

当宝宝听到有人说话时，他就会找到底是谁在说话，尤其是有人在叫宝宝名字的时候。

宝宝现在已经能够分清父母了，家里有外人来他都能认出来。

宝宝喜欢父母抱着他，经常给他哺乳喂食的奶奶或姥姥抱着他也可以，但宝宝没有见过的人抱他，他就会哭，已经开始认生。

宝宝会用"微笑"对待注视着他或和他说话的人，并且非常依恋与他最亲密的人。

如果妈妈抱着宝宝坐在镜子对面，让他面对镜子，他会注意到镜中的那个小宝宝，看着那个小宝宝会觉得很开心。

宝宝现在有思维了，也开始有记忆了，只是记忆还很短暂，一转眼他就忘了刚才的事情。

宝宝感知能力发育标准

◎语言

这个月的宝宝在语言上有了一定的发展，逗他时宝宝会非常高兴，并露出甜蜜的微笑，嘴里还会不断地发出咿呀的学语声，好像在和妈妈谈心。

◎动作

这个月龄的宝宝，头能够随自己的意愿转来转去，眼睛随着头的转动而左顾右盼。大人在扶着宝宝的腋下和髋部时，宝宝能够坐着。

让宝宝趴在床上时，他的头已经可以自主地抬起，前半身可以由两臂支撑起。当他独自躺在床上时，会把双手放在眼前看和玩耍。扶着腋下把宝宝立起来，他就会抬起一条腿迈出一步，再抬另一条腿迈出一步，这是一种原始反射。

在宝宝仰卧时，用双手抓住宝宝的两只手腕，轻轻拉，将宝宝上身拉起的同时，宝宝颈部撑着的头也跟着抬了起来。这个月的宝宝手的活动范围扩大了，宝宝的两只手能在胸前握在一起，经常把手放在眼前，两只手相互抓，或者有滋有味地看着自己的小手。这个动作是这个月龄宝宝肢体发育的明显标志。

51

4个月

◎听觉

这个时期宝宝的听觉发展较快，已具有一定的辨别方向的能力，听到声音后，头能跟随响声转动180度。

◎视觉

3个多月的宝宝视觉有了发展，开始对颜色产生了分辨能力，对黄色最为敏感，其次是红色，见到这两种颜色的玩具能很快做出反应，对其他颜色的反应要慢一些。

这个月龄的宝宝已经会认识奶瓶了，一看到大人拿着它就知道要给自己吃奶或喝水，会非常安静地等待。

◎心理

这个月的宝宝喜欢从不同的角度玩弄自己的小手，喜欢用手触摸玩具，并且喜欢把玩具放在嘴里。同时也能够发出"咕咕噜噜"的声音，当与父母交谈时，会听自己的声音，并且会对妈妈显示出格外的偏爱。

经验★之谈

此时，父母要多进行亲子交谈，如与宝宝说说笑笑，给宝宝唱歌，或用玩具逗引，让他主动发音，要轻柔地抚摸，温柔的鼓励。

聪明宝宝这样教

◎数学启蒙训练从现在开始

数学是跟生活紧密相关的，对于这时期的宝宝，父母不用刻意要他去掌握数学的内容，但可以在日常生活中给他渗透一些数学的概念。比如：妈妈握着宝宝的小手，指着自己和宝宝的手跟他说："手，妈妈的手，宝宝的手，大手，小手。"慢慢的这些数学的概念就会被宝宝悟出来。宝宝稍微大一些可以通过唱歌、游戏理解数学概念。经常给宝宝念一些带有数字的儿歌让宝宝对数字有个模糊概念。就这样一点点渗透，他自然就能在轻轻松松与你交流的过程中学到很多东西了。

宝宝数学不仅仅是数数和加减运算，它的内容是广泛而多样的。我们周围的生活中蕴含着数、量、形和一定的空间方位形式，这些都是宝宝数学启蒙的内容。父母可以利用这个日常生活环境让宝宝伸出小手数一数，比比长短、粗细；看看积木有哪些不同形状等等，让他在生活中有意无意地重复体验数、量、形的概念，从而引发他的兴趣和主动思维的积极性。

父母要提供一种有利于幼儿思维自由发展的环境，在自由、自愿的条件下，轻松自由地动手摆玩，在猜猜想想中吸引宝宝对学习数学的兴趣。千万不要在家庭教育中采用对立的教授形式，这样不符合宝宝的年龄特点，还会引起他的反感。

父母可以给宝宝提供一些日常生活中的用品或玩具，如纽扣、瓶盖、豆子、杯子、积木、笔、游戏棒、扑克牌等等，让他在动手操作、分类、数数的活动中获得有关分类、排序、比较、匹配等数学知识和技能，掌握粗浅的数学概念。

父母不要急于求成而盲目干涉，应以一个旁观者或伙伴的身份细心观察，了解宝宝思维和动作的特点、过程，发现问题，及时点拨、指导和建议。

此外，父母要注意宝宝的天性和身心发展的内部规律，不要揠苗助长，把超前的数学内容灌输给他。

◎宝宝也有交际能力

4个月的宝宝对新鲜物像能够保持更长时间的注视，并且能够进行辨别。记忆也变得清晰了，能够认识父母和周围亲人的脸，识别父母的表情含义，认识玩具等。

此时的宝宝已经开始分辨与他生活有关的人。他会用"微笑"谈话，并且非常依恋与他最亲密的人。妈妈抱着宝宝坐在镜子对面，让宝宝面对镜子，然后轻敲玻璃，吸引宝宝注意镜中的自己，这时宝宝能明确地注视自己的身影，并对着镜中的自己微笑与自己"说话"。

到第4个月时，他会喜欢其他小朋友。如果他听到街上或电视中有小朋友的声音，他也会扭头寻找。

如果他有哥哥姐姐，当他们与他说话时他会非常高兴。随着宝宝长大，他对小朋友的喜欢也会增加。

他已经学会用手舞足蹈和其他的动作表示愉快的心情，开始出现恐惧或不愉快的情绪；也有了自己的个性，有脾气，有能力，并能吸引大人关心他，有时他也会捣乱。

他已经学会表达自己的需要，父母也应给予宝宝关心和照顾，尽可能多地与他对视，夸张地做出所有的面部表情和手势；模仿宝宝的一切举动，但不要过度；尽可能多地和他一起玩。唱歌和有节奏的游戏会鼓励他发声。夸张地表现你的反应，回答他时使用明显而夸张的表情和手势，使他能很容易地知道你在照看他。

4个月

◎撕书锻炼宝宝的协调能力

此时的宝宝眼睛协调性增强，视野加深，视线灵活，能从一个物体转移到另外一个物体。头眼协调能力也越来越好，两眼能追视物体，如果玩具从他手中滑落掉在地上，他会用眼睛去寻找。

这时候很多父母会给宝宝做亲子阅读。在亲子阅读的过程中，难免会遭遇宝宝撕书的情况。中国蒙特梭利学会早教委员会主席指出，宝宝开始喜欢读书通常在9个月龄，这个月龄前，宝宝还没有真正到"早期阅读"的阶段，他们更喜欢学习手眼协调能力。撕书是宝宝在练习左右手的反向运动，以及与视觉的协调能力。他们会一遍又一遍地撕，品味手指捏纸以及用力的感觉，并很有成就感。

其实父母可利用这个机会，给宝宝换书，不用的杂志书报，让他撕个够，当宝宝撕的动作得到充分练习后，他们就不会再撕书了。父母要理解宝宝这是一种学习的行为，那么就不要斥责宝宝，而是作为欣赏者，对宝宝每次撕的动作进行鼓励，让宝宝把撕的练习运动完成得更好。

经验★之谈

宝宝的撕书行为也不能无止境地一直坚持下去，随着宝宝的长大，父母也可以用以下方法引导宝宝走出撕书的习惯：

不要斥责宝宝的撕书行为，也不能视而不见，拿来胶水等物品，和他一起把书补好，并告诉宝宝："撕书，书会痛的。"也可以用伤心、生气等表情来影响宝宝，让宝宝明白父母因为他的这个行为很不高兴。

随着宝宝的成长，理解能力逐步加强，他们会喜欢听妈妈讲故事，做角色扮演，当他们发现妈妈有许多好听好玩的内容都来自于这些书时，就会对书抱有强烈的认知愿望，撕书行为也会慢慢减少。

对于大一些的宝宝，还可以利用故事、儿歌及其他形式向他灌输道理或行为标准。当宝宝做得好时，父母要及时给予表扬和鼓励。

◎大动作能力

前臂支撑

给宝宝穿上宽松的衣服，让宝宝趴在床上，将宝宝的胳膊放在胸前，作支撑状。

妈妈站在宝宝前面，呼唤宝宝，或拿一个发音玩具，逗宝宝抬头看妈妈，然后拿着玩具在宝宝眼睛前晃动，引导宝宝用前臂支撑身体，将胸部抬起，高高地抬起头。

经验★之谈

此游戏在俯卧抬头的基础上，锻炼了宝宝双臂支撑全身的能力。

宝宝学坐

在宝宝清醒的时候，双手扶着宝宝的腰背，让宝宝坐在床上，或在他后面放个靠垫或枕头什么的，让宝宝依偎着坐。时间不要太长，否则对宝宝的脊柱发育有影响，等宝宝慢慢坐稳了，腰部力度稍微增大后，时间可以稍微长点。宝宝坐着的时候要注意矫正姿势，坐端、坐稳，腰背直起来。

还可以在宝宝躺着的时候，轻轻拉起他的双手，让他呈坐姿，注意让宝宝自己用力，家长仅用很小的力，以后逐渐减力，或让宝宝握住父母的手指拉坐起来，宝宝的头能伸直，不向前倾。慢慢的他就可以坐了。学坐要慢慢训练，不能急于求成，每个宝宝发育不一样，有的宝宝4个月末就会坐了，有的可能5个多月才会坐。

下肢训练

准备一个气球，颜色鲜艳，个头较大，让宝宝光着脚平躺在床上。妈妈拿着气球碰宝宝的脚和腿，引逗宝宝用脚踢气球，妈妈可适当用点力气，与宝宝"抵斗"，刺激宝宝踢蹬。日常生活中经常给宝宝做下肢屈伸运动和仰卧抬腿动作，锻炼宝宝的下肢肌肉，不断提高宝宝的腿部运动能力。

还可以扶住宝宝的腋下和背部，使宝宝的小脚抵住床面做蹬腿运动，训练宝宝的站立能力，或扶住宝宝的腋下，让宝宝学习主动迈步，动作要轻柔，每次3分钟左右，以宝宝不感觉累为宜。要注意的是，早产儿和佝偻病患儿不宜做此项练习。注意宝宝的情绪，如果情绪不好就停止，要坚持训练。

4个月

◎精细动作能力

皮筋游戏

将两个小棉球分别拴在皮筋的两端,皮筋力度不要太大,以免弹疼宝宝。让宝宝靠着枕头或被子坐起来,妈妈用两手拉一下皮筋两端的棉球,然后松开一只手,棉球会弹动,让宝宝观察一会儿,然后把一个棉球放在宝宝手里,妈妈抓住另一个棉球轻拉一下,然后放开,让棉球弹回去,引起宝宝的兴趣,皮筋不要拉得过长。

经验★之谈

等宝宝熟悉后可将两只小球都放在宝宝的手里,让宝宝自己动手拉扯棉球和皮筋。这个游戏可训练宝宝手部精细动作能力。

准确抓握

在桌子上放几种容易抓握的小玩具,如积木块、毛绒小老鼠、彩铃、拨浪鼓等。

把宝宝抱至桌前,慢慢接近玩具,让宝宝伸手去抓,如果宝宝不主动伸手接近玩具,可摇动玩具或用语言引导宝宝用手去抓握玩具,去触摸、摆弄玩具。玩具要经常变换,反复练习,并记录能准确抓握的次数。还可以让妈妈抱着宝宝,爸爸拿着玩具在前面晃动捏响,引逗宝宝伸手去抓,这样效果更好。

经验★之谈

到宝宝5个月时会独自坐立了,而且能够单手准确抓物,这个游戏可以继续进行,训练宝宝的手指抓握能力。

◎语言能力

认识香蕉

妈妈准备一些香蕉泥，或其他可吸吮的食物，放到小勺子里让宝宝吸舔，并向宝宝说："这是香蕉泥，好甜啊，宝宝喜欢吗？"同时让宝宝看看完整的香蕉，让宝宝的小手触摸一下香蕉皮，并告诉宝宝："这是香蕉，黄黄的，长长的，宝宝认识了吗？"

多次训练，宝宝慢慢会模糊地将香蕉的外形和味道联系起来，听到香蕉的名字时可能会想到香蕉的形状和颜色，从而全面地认识香蕉。

当然还可以用其他食物做游戏，比如苹果和苹果汁、西瓜和西瓜汁等。隔一段时间妈妈可以给宝宝换另外一种食物，这样不仅可以给宝宝补充营养，还丰富了宝宝的语言信息。

经验★之谈

4个月的宝宝已经有好奇心了，父母应该满足宝宝的好奇心，多向宝宝介绍他感兴趣的东西，让他认识更多的事物，为今后的语言发展打下词汇基础。

4个月

唱呀唱，动呀动

自编一首儿歌，如："小麻雀，飞呀飞，猫头鹰，下来了，小麻雀，快点跑！"

让宝宝依偎着被子或枕头等东西坐起来，妈妈一边唱着儿歌，一边根据儿歌内容用手在宝宝眼前做动作，唱到"飞呀飞"时，用手在宝宝面前作飞翔状，唱到"下来了"时，双手慢慢向下移动，唱到"快点跑"时，双手加快左右移动。然后妈妈拉着宝宝的小手边唱边做动作，方法相同。

经验★之谈

这个游戏通过儿歌，丰富宝宝的词汇，可帮助宝宝理解儿歌的含义，锻炼宝宝的节奏感。妈妈唱儿歌时靠近宝宝的脸，让宝宝看着妈妈的口形和手，模仿妈妈的发音和动作。最好选节奏明快，内容简单、容易操作的儿歌。

学发音

在宝宝睡醒的时候抱起宝宝坐在妈妈的腿上，面朝妈妈，妈妈做各种夸张的表情，以提高宝宝的兴致。

在宝宝注视妈妈的时候，妈妈表情愉快地发出"啊-啊""妈-妈""爸-爸"等重复音节，让宝宝看着妈妈夸张的口型，发音时两个音节之间要间隔几秒钟，让宝宝有足够的时间观察和模仿妈妈的嘴型。

妈妈也结合动作和生活教宝宝一些简单的发音，如给宝宝喂奶时，拿着奶嘴跟宝宝说"喝，宝宝喝奶，呵-呵。"

经验★之谈

宝宝这时候已经能无意识地发出"爸""妈"等音节，父母应有意识地加强宝宝这方面的培训，以提高宝宝的语言能力。

◎数学能力

踏步走，跳啊跳

给宝宝穿暖和，扶着宝宝的双腋让宝宝两脚抵着床"站立"，然后双手向前带动宝宝迈步，边走边喊着口令："一二一、一二一、一二三四……"，15步左右停下来，抓着宝宝的双腋将宝宝轻轻向上提，然后再轻轻放下来，每提放一次数一下，如"一个——两个——三个""跳一下——跳两下"等。宝宝会借助父母往上提的力气蹬着床板向上跳，一蹦一蹦地很兴奋。刚开始提放的动作要很轻，训练一段时间宝宝习惯了后可加快速度，这时数数的速度相应也就加快了，如"一、二、三，哇，宝宝好厉害"。

经验★之谈

这样边做边念口令，能培养宝宝对数字的兴趣和敏感性，促进宝宝对数字有一个初步的认识。

爬楼梯

在宝宝精神状态较好时，给宝宝穿暖和，带着宝宝到楼梯做游戏。先抱着宝宝从第一层楼梯开始往上爬，每爬一个台阶就唱一个数，音调拉长，富有音乐感，一直唱到10，如"1—2—3—"；下楼梯时又从1唱到10，反复上下两次。

这个游戏也完全可以渗透到生活中，比如每次带宝宝出门时可顺便数台阶唱数，或扶着宝宝在地上边走动边唱数，或拉着宝宝的小手边摇边唱数等。

4个月

◎知觉能力

窗帘游戏

在阳光灿烂的时候，将宝宝放在向阳的屋子里，但不要让阳光直接照射宝宝的眼睛。

让宝宝躺着或坐着，脸朝着窗户，妈妈不断地将房间的窗帘打开又拉上，让屋子里忽明忽暗，边拉窗帘边跟宝宝说话，打开时跟宝宝说："宝宝看，天亮了。"闭合时说："宝宝看，天黑了。"每次拉开或闭合窗帘后停顿十几秒，让宝宝有足够的时间感觉。

经验★之谈

多次训练可提高宝宝对自然光线的适应能力和对明暗的分辨能力，从而促进宝宝的视知觉能力和感知觉能力的发育。

辨认果蔬颜色

准备一些颜色单一的蔬菜、水果，如胡萝卜、香蕉、茄子，各1个，洗干净后放在一个浅色盘子里。

妈妈拿起一根胡萝卜，让宝宝注视5～6秒钟，告诉宝宝："这是橘色。"再拿1根香蕉，让宝宝注视5～6秒后说："这是黄色。"然后拿起茄子让宝宝注视，告诉他："这是紫色。"

每样蔬菜水果重复告诉宝宝两次，然后将胡萝卜和香蕉放在一起，告诉宝宝："这个是橘色，这个是黄色，宝宝喜欢哪个呢？"将胡萝卜和茄子放在一起比较也可以。这个月的宝宝可能没有什么反应，但他可以模糊地感知颜色，父母要坚持"对牛弹琴"式的训练，不可急于求成。

经验★之谈

水果蔬菜的颜色都是天然的，对宝宝的视觉发育很有益处，父母要经常给宝宝提供与自然色彩接触的机会。所选择的果蔬颜色要单一，一次最多准备3个，以免让宝宝混淆。这个游戏可刺激宝宝的视觉发育，培养宝宝的视知觉能力。

高低音感知游戏

准备好乐器，如钢琴、电子琴等，如果家里没有乐器可用录音机或光碟等播放一些高低音调差异较大的音乐。爸爸将宝宝抱起，妈妈弹奏出或者放出高低差异比较大的乐段。

当高音时，爸爸将宝宝举过头顶，告诉宝宝："宝宝听，多高。"到低音时弯腰将宝宝放低，告诉宝宝："宝宝听，这么低。"父母也可以自己发出一些高低音让宝宝感觉，这样更为方便。

经验★之谈

该种音乐和运动结合的小游戏，让宝宝在运动中感受声音的高低，促进宝宝的高低音分辨能力，培养宝宝的感知觉和听知觉综合能力。要注意的是音调不能过高，也不能过响，以免伤害宝宝的耳膜。

苹果远了

准备一个洗干净的大红苹果。妈妈抱着宝宝，让宝宝的背贴着妈妈的前胸，爸爸拿大红苹果在宝宝前面晃晃，并拉着宝宝的手摸摸苹果，在宝宝摆弄和观察一会儿之后，爸爸举着苹果，开始向后慢慢移动，但要让苹果始终保持在宝宝的视线内，退后大约1.5米处停止，让宝宝注视一会儿，然后再往宝宝跟前移动。

爸爸可边走边用手指着苹果跟宝宝说："宝宝看，苹果远了，宝宝够不到了。""宝宝看，苹果近了，宝宝快来拿呀。"反复做游戏。

彩球摸呀摸

准备几个颜色质地不同的小球，如玻璃球、塑料球、棉布球等，并将这些球串在一起，放在宝宝随手能拿到的地方。

拉着宝宝的小手一个个触摸这些小球，并分别告诉宝宝："这是棉布球，软软的、柔柔的，舒服吗？""这是塑料球，硬硬的、光光的""这是玻璃球，凉不凉呀？"可经常换一些不同质地的球，如金属的、毛绒球等，丰富宝宝的触觉。要注意的是最好将小球穿起来，以免宝宝塞进嘴里。

父母还可以给宝宝找些生活用品，如洗干净的小衣服、小袜子、手帕、杯子、盒子等等，让宝宝的触觉更为丰富。这个游戏让宝宝感受各种物品的不同特征，促进宝宝的触觉能力发育。

4个月

◎思维能力

摆弄积木

准备几块不同颜色的彩色小积木,将积木堆在宝宝的小床上,妈妈偎着宝宝坐在积木旁边,先拿起两块积木轻轻敲击,引起宝宝的注意,然后在宝宝的注视下将积木翻过来、倒过去,不停地摆弄出各种花样,如摆成一排,摆成一个圈,叠起来,平铺,等等。

重复几次后拉着宝宝的小手自己去摆弄,然后鼓励宝宝亲手摆弄积木块,观察宝宝的反应。刚开始宝宝可能只是乱抓乱摸,妈妈不要干涉宝宝,让他自己随心所欲地玩。在自由的玩耍把玩过程中,宝宝会不自觉地观察积木,看着积木变成不同的花样,这有利于培养宝宝的思维创新能力。

经验★之谈

积木块不要过大,以免宝宝抓不住;玩时大人要盯紧,防止宝宝将积木块往嘴里塞。除了积木块外,其他适合宝宝玩的东西都可以。

积木回家

准备几块不同形状的积木,如圆形、正方形、三角形,然后用硬纸片做几个与积木形状对应的小盒子。

偎着宝宝坐在床上,将积木与盒子堆到宝宝面前,在宝宝的注视下,妈妈拿起一块圆形积木放进圆形盒子里,告诉宝宝:"这个是圆,放在这个圆里,瞧,这个圆到家里了!"再拿起一个正方形积木放在正方形盒子里,以此类推,将积木一个一个装在对应的盒子里。重复几次后,妈妈将积木拿出来堆在宝宝跟前,帮助宝宝装进盒子里。积木和盒子的数量不要超过三对,数量多了难度大,容易让宝宝厌倦。

经验★之谈

这个游戏可让宝宝分辨和归类不同的图形,训练宝宝的图形识别能力,从而提高宝宝的形象思维能力。

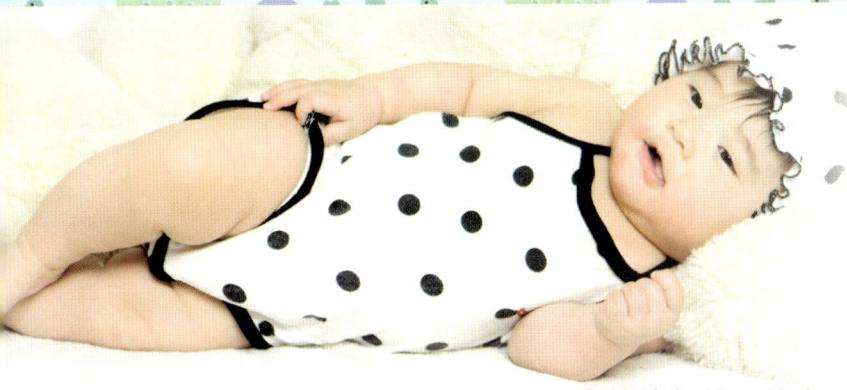

◎情绪与社交能力

表情识别

准备一些不同表情的图片或画册。妈妈抱着宝宝，拿给宝宝一张画有笑脸的娃娃头像，告诉宝宝："宝宝在笑呢，多乖"。同时妈妈也做出笑脸给宝宝看；然后再拿出一张闷闷不乐的头像，告诉宝宝："宝宝不高兴了"。妈妈的声音和表情也表现出闷闷不乐的样子，让宝宝看画像，再看妈妈的脸。过几天可以换种表情，如生气的表情等。

刚开始选表情画像时最好选择表情对比度高的，有明显区别的，如高兴和生气，让宝宝能明显地看到两种表情的不同。父母在日常生活中也可以自己做各种表情逗宝宝玩，还可以在宝宝出现各种表情时，告诉宝宝："宝宝在笑呢，宝宝真高兴""宝宝不高兴了"等。

小宝宝踢猫咪

准备一块硬纸板、彩笔、绳子和小铃铛。在硬纸板上画一只彩色大猫咪，在纸板四周钻四个小孔，穿上松紧带，系上铃铛，然后将纸板拴在宝宝的床上，让纸板向宝宝倾斜，以宝宝伸脚能碰得到和眼睛能够看得见为宜。

妈妈先动一动纸板让小铃铛响起，让小猫咪动起来，等宝宝注意力集中到猫咪身上后，拉着宝宝的小脚蹬几下纸板，宝宝感兴趣后，鼓励宝宝自己用脚蹬纸板："宝宝，踢一个！"如果宝宝蹬到了就夸奖宝宝："宝宝真棒，小猫咪动了！再蹬一个！"

经验★之谈

多次训练后，宝宝会将自己的动作与声音和猫咪图像联系起来，慢慢会发现自身的动作与声音图像的关系，从而有意识地踢动。这个游戏可综合培养宝宝的形象思维能力和逻辑思维能力。

经验★之谈

让宝宝认识各种表情，以及了解各种表情所代表的意思，培养宝宝的社交敏感性，对宝宝未来的社交有很大帮助。

4个月

宝宝智能开发效果测试

序号	测试项目	选项	得分
1	追视滚球	A.从桌子一头看到桌子另一头（10分） B.追视到桌子中央（5分） C.不会追着看（0分）	10分为合格
2	在白纸上放1粒红色小丸	A.马上发现（10分） B.大人用手指着才能看到（8分） C.未看到（3分）	10分为合格
3	听胎教音乐	A.微笑而入睡（10分） B.微笑（8分） C.听到胎教时呼唤过的名字转头观看（5分） D.无表情（2分）	10分为合格
4	认人	A.对父母、照料人均投怀（12分） B.对父母均投怀（8分） C.对生人注视，但无亲热表情（5分）	12分为合格
5	吊球	A.会用手拍击横吊在胸前的小球（10分） B.试击不中（8分） C.只看不动手（4分）	10分为合格
6	模仿大人唇形发出辅音：（如"妈""爸"等）	A.3个（15分） B.2个（10分） C.1个（5分）	10分为合格

续表

序号	测试项目	选项	得分
7	大人蒙脸玩藏猫猫时	A.笑且动手拉布（6分） B.笑不动手（3分） C.毫无表情（0分）	6分为合格
8	晚上睡眠延长	A.晚上能睡5～6个小时，白天觉醒时间增加（8分） B.晚上能睡4小时（6分） C.晚上能睡3小时（4分）	8分为合格
9	用小勺喂	A.张口舔食（4分） B.嘬嘴吮吸（0分）	4分为合格
10	俯卧	A.用手撑胸（10分） B.用肘撑胸（8分） C.只能抬头（6分）	10分为合格
11	仰卧抬腿	A.踢打吊球（10分） B.会踢但不中（8分） C.裹住不能活动（0分）	10分为合格
12	仰卧，大人说"坐起"	A.双手拉坐时头伸直（10分） B.拉坐头向前倾（8分） C.拉坐时头向后仰（4分）	10分为合格

测试分析

1、2、3、4题测认知能力，应得42分；5题测精细动作，应得10分；6题测语言能力，应得10分；7题测社交能力，应得6分；8、9题测自理能力，应得12分；10、11、12题测大肌肉运动，应得30分。总分在110分以上为优秀，90～100分为正常，70分以下为暂时落后。哪一道题若在合格以下，可先复习2～3个月相应的试题或该能力组的全部试题，再学习本月龄组的试题。若哪一题在合格以上，可跨过本阶段的试题，进行下个阶段能力组练习。

第五节 5个月的宝宝

宝宝智能发育状况

◎ 身体技能发育

这个月的宝宝进步很快。他不仅茁壮成长，并满怀好奇心地了解周边的世界，对周围的一切充满兴趣。当宝宝吃奶的时候，他会停下来玩妈妈的衣服，或者看看屋子里的人。宝宝会尝试着自己翻身。

宝宝俯卧的时候，可以从一边滚到另一边，甚至能翻身。他可以自己抬起头，还可以左右转来转去。如果用被子或枕头给他做支撑，他就可以坐起来了。宝宝可以用双手抓玩具或其他物体了。他见到认识的人就想说话打招呼，见到陌生人时会不安，他最喜欢看见父母了。

经验★之谈

宝宝有时喜欢发出各种声音，喜欢和父母说话，喜欢听他们的声音，喜欢模仿他们的声音。

宝宝高兴时会叽叽咕咕、咯咯地笑，太开心了他还会张大嘴笑，或者尖叫。他喜欢看着镜子里的自己，会微笑。宝宝自己一个人的时候会焦躁、厌烦，喜欢有人陪着玩。

◎ 运动能力发育

翻身

宝宝能够主动从仰卧翻到俯卧，能主动用前臂支撑起上身，并抬起头。

坐起

随着宝宝背部和颈部肌肉力量的逐渐增强，以及头、颈和躯干的平衡发育，宝宝开始学坐了，这是宝宝的一个转折点。

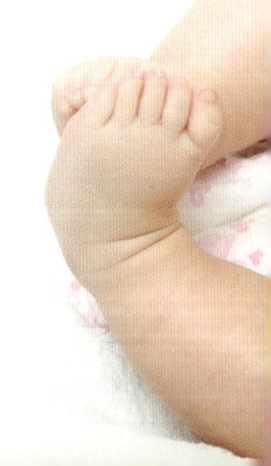

◎语言能力发育

宝宝发音明显增多，尤其在高兴时，可发出如"爸—爸""嗒—嗒""哞—哞"等声音，但还没有具体的指向。

◎认知能力发育

这个时期宝宝的认知能力有了明显进步。宝宝对大人的脸非常感兴趣，抱他时，他会用手指戳大人的眼睛，或抓大人的眼睛。叫他的名字时，能转过头去，朝声音的方向寻找。在宝宝踢床垫时，可能会感到床在摇晃，或者宝宝打击或摇动铃铛时，会认识到可以发出声音。一旦他知道自己弄出这些有趣的动静，他将继续尝试其他方式，观察结果。

◎情感和社交能力发育

这个月的宝宝听到妈妈或熟悉的人说话声就显得格外高兴，有时还会人笑出声。父母要多找时间和宝宝做亲子游戏，培养宝宝的快乐情绪。

◎视觉能力发育

宝宝能分辨红色、蓝色和黄色了。这个月龄的宝宝喜欢红色和蓝色。宝宝的视力范围可以达到几米远，他的眼球能上下左右移动并注意一些小东西，如桌上的小点心。

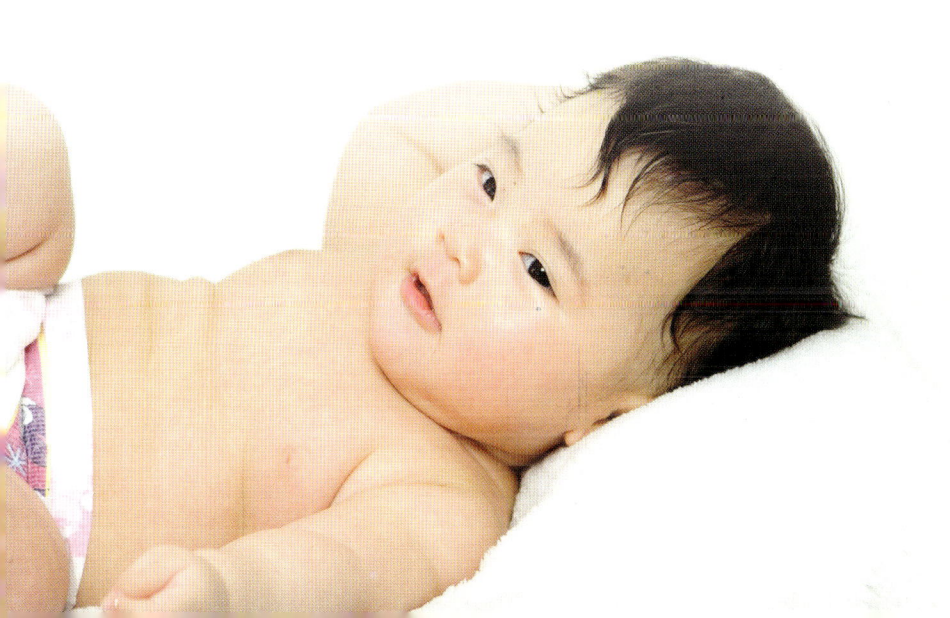

5个月

宝宝感知能力发育标准

◎语言

这个时期的宝宝在语言发育和感情交流上进步很快，会大声笑，声音清脆悦耳。而当有人与他讲话时，他能发出咿呀的声音，好像在与人对话。

◎动作

这个月的宝宝所做的各种动作较以前熟练了，俯卧位时，肩胛会呈90度角。拿东西时，拇指较以前灵活多了，可以攥住小东西。

◎听觉

5个月的宝宝听觉能力已很发达了，对悦耳的声音和嘈杂的刺激已经能作出不同反应。妈妈轻声跟宝宝讲话时，宝宝会表现出注意倾听的表情，并且会有非常高兴的神态。宝宝对所有声音都有反应，头转向声源，表现出有意识听熟悉声音的能力，说明大脑皮层已参与听觉活动。这个时期称为听性反应期，出现的行为可称为听性反应。

◎触觉

宝宝能够抓近处的玩具，妈妈可以抱起宝宝，将拨浪鼓等玩具放在他一侧手边，让宝宝尽力去抓取玩具，可以训练宝宝的触觉能力，练习抓握能力。

经验★之谈

这个月的宝宝已开始用手探索世界，任何能拿到的东西他都要拿来看看，所以这个月父母要尽量让宝宝拿更多的小东西。

◎视觉

此时的宝宝视觉也有了很大的进步，物品在他眼中已逐渐成为有立体感的影像了。在这个阶段里，由于已经能够比较稳定、清楚地视物，所以只要是放在周围的固定物，宝宝都能确定物品的位置，并伸手去拿。之后宝宝能逐渐盯着某一物看个几秒钟，即"定视"的能力。

◎感觉

这个月龄的宝宝会用表情表达自己内心的想法，能区别亲人的声音，能识别熟人和陌生人，对陌生人做出躲避的姿态。

◎心理

这时的宝宝喜欢和人玩藏猫猫、摇铃铛，还喜欢看电视、照镜子，对着镜子里的人笑，还会用东西对敲。

父母可以每天陪着宝宝看周围世界丰富多彩的事物，可以将看到的任何物品的功能用途介绍给他。如手电筒会照明，音响会唱歌、讲故事等。

聪明宝宝这样教

◎正确理解宝宝吃手的利与弊

好多宝宝从很小的时候就开始吃自己的手，一直吃到2岁左右才会停止，这是一种正常现象，父母要正确认识、理解宝宝的这种行为，了解其利与弊。

在婴儿期，吮指是作为吃奶反射的一种表现。在饥饿时，90%的宝宝会将自己的手指放在口中吸吮。妈妈不用担心，宝宝首先是通过嘴开始认识世界的，吃手指也就成了每个宝宝生长发育的必然过程之一。宝宝吃手指有以下好处：

促进神经功能和智力发展

宝宝"吃手"的时候能加强触觉、嗅觉和味觉刺激，促进神经功能发展，还能提高吸吮水平。宝宝把手放在嘴巴里啃，是宝宝智力发展的一种信号，说明宝宝的运动肌群与肌肉控制能力已经相互配合、相互协调了。

心理满足，消除烦躁

对于刚出生的小宝宝而言，吸手指本来就是一种反射和需求，而且吸吮手指能给宝宝带来舒服感，所以即使是吃饱了，宝宝还是会有吸手指的行为。弗洛伊德和埃里克森认为，在宝宝吃手的活动中还包含了人类性快感需要的自然反应。这里的性快感只是一种近似成人快感的情绪，可以消除宝宝的不安、烦躁、紧张，具有镇静作用。

5个月

锻炼手眼协调性

吃手指的过程能够锻炼宝宝手的灵活性和手眼的协调性，并为日后自食打下良好基础。

吃手指存在诸多坏处

影响面部和牙齿生长

吮吸拇指时间久了，宝宝上下颌的正常生长就会受到干扰，逐渐形成上颌前突、下颌后缩、噘嘴畸形等。导致上下前牙不能接触，影响切咬食物。更重要的是影响宝宝外貌的美观。对处于牙齿生长期的宝宝，吸手指会让牙齿朝着不正确的方向生长，进而影响牙齿的排列、咬合，也容易引发口腔问题。

影响手指发育

宝宝长期吃手指也会影响手指骨骼的正常发育。长了牙的宝宝吃手指容易造成手指脱皮、肿胀等外伤，严重时甚至发生感染。

不利于个性发展

宝宝由于满足于吃手指的乐趣，不愿参加其他活动，对智力和心理也有影响。咬手指是宝宝生长发育过程中一个不可或缺的小细节。我们应该分阶段来认识这个小细节：新生儿期的宝宝是在享受吸吮的乐趣，手指是宝宝最有权力支配的部分，最容易放到嘴里的物体，此时妈妈不必对吸吮手指过度担心，只要保持宝宝手指清洁就行了，但前提条件是宝宝要吃饱。

经验★之谈

随着宝宝的长大，妈妈们应该鼓励宝宝多参加游戏活动，与小朋友接触，努力营造一个温暖、舒适、稳定、宽松的成长氛围，咬手指也会逐渐被宝宝淡忘。对于恶性难以纠正的咬手指习惯，应该寻求专科医生的帮助。

◎早期识字可促进语言发展

有很多家长在宝宝很小的时候就开始教他认字，好多家长发现，在教宝宝看图片的过程中，他会认识字。其实，宝宝很小就可以识字，这是有一定的生理和心理依据的。

首先，宝宝的图形辨别能力是宝宝识字的基础。汉字就像是一些图形，宝宝学习汉字是把它当作图形来认识和记忆的。其次，宝宝出生后头半年，神经系统发育比较迅速，功能逐渐增强，这是识字的物质保证。宝宝识字的过程是大脑皮层中复杂的神经联系形成的过程，宝宝识字的根本条件是随着语言能力的发展，宝宝第二信号系统开始形成。

早期识字可促进宝宝语言的发育，促进其观察力的形成和发展，使宝宝的主动注意力出现得更早，对宝宝的记忆力也有增强的作用。识字是早期阅读的基础，早识字可使宝宝更早地学到一些知识。因此父母可经常给宝宝看一些图片，图片下要有较大的汉字，看图的同时给宝宝指认汉字，或者玩一些带字的积木，一边识字一边挑积木玩，这样更能提起宝宝的兴趣。也可以教宝宝认识一些抽象名词或者笔画多的字，因为从很多人的实践及宝宝识字的原理看，字与字之间的差别越大宝宝越容易辨别。

经验★之谈

教宝宝识字可在生活中随时进行，能认几个就认几个，不可操之过急。宝宝心智的成长需要多种多样的"营养素"，只重视对宝宝的识字教育，在早期教育上光吃"偏食"是不可取的，若方法不对头则会使宝宝产生厌恶情绪，对今后的学习不利。

5个月

◎培养宝宝的空间感

培养宝宝的空间概念感对宝宝以后的学习有帮助，尤其是数学、几何这方面；空间概念对宝宝日后的生活也有所帮助，如看地图、找地方等；空间概念感也会影响宝宝未来的职业选择，一般来说空间感强的宝宝更容易选择建筑工程、航空等职业。

对于不满半岁的宝宝而言，训练空间感的最好方法就是游戏。此外，在日常生活中也可以随时加强宝宝的方位感。

在日常生活中，可引导宝宝注意平常生活中随时触摸或使用的物体，然后再让宝宝进行回答，不会说话的可以用手指。父母可以告诉他，"奶粉在桌子上面，鞋子在椅子下面"或者"奶瓶在高处，杯子在低处"等。带宝宝外出时，牵着他的小手，告诉他"妈妈走在宝宝的右边，宝宝走在妈妈的左边"或"宝宝在妈妈的前边，妈妈在宝宝的后边"等。

◎藏猫猫

对于尚未满月的宝宝，可用一块布遮住宝宝的眼睛，或者将脸藏在宝宝左侧或右侧，或者将玩具娃娃背在身后等，通过这种简单的"藏猫猫"训练他的方位感。等宝宝长大一些，可有意识地设置一些可让宝宝藏身的"设备"，比如可以钻进去的大盒子等等。

◎描述房间布置

给宝宝不厌其烦地讲述屋子中的每一样东西都在什么位置，讲述过程中可指着实物强调方位名词。宝宝稍微长大后可在一张大纸上，让宝宝画出房间的墙，并标出窗和门的位置，鼓励他做一张比较精确的室内地图。

◎整理物品

可在床上放个盒子，让宝宝在父母的帮助下放回玩具。等宝宝能听懂父母的话后，让他自己玩玩具并将它们放回原来的位置。父母要用正确的语言提示，比如"记住'动物园里小动物'的'家'在门边衣橱最下边的一层"。只有当宝宝听到规范的、细致的描述时，他们才能学会这些词汇。

◎绘制地图

宝宝稍微大一些，可用讲故事的方法来激发宝宝绘制地图，读一个故事，鼓励宝宝根据故事内容绘制出地图，来表现事件的顺序。当他描述每个事件发生的地点时，你要强调正确词汇的说法。

◎大动作能力

坐着玩

　　准备几样玩具，个头稍微大一些，如布娃娃、橡皮鸭子、气球等。将宝宝放在有扶手的沙发或者椅子上，让宝宝靠着坐起。

　　父母拿一个玩具在宝宝眼前晃动，并用玩具碰碰宝宝的小手小胳膊，逗宝宝开心，告诉宝宝："宝宝看，布娃娃来了，宝宝要伸手拉住她哦……"宝宝会伸着胳膊抓玩具，这时父母让宝宝自己玩，在旁边看着宝宝，纠正宝宝坐着的姿势，不要让宝宝跌倒。训练一段时间后等宝宝能独自坐着玩的时候，父母可适当增加游戏难度，如将玩具举到宝宝头顶，让宝宝伸手够，或者放到宝宝身边随手够不到的地方，逗宝宝弓背伸手去取等，训练宝宝坐立平衡能力。

经验★之谈

> 　　坐起是这个月宝宝的一大变化，随着他背部和颈部肌肉力量的逐渐增强，以及头、颈和躯干的平衡发育，他开始迈出"坐起"这一小步。父母要提供机会让宝宝"练坐"。

学"爬行"

　　在床上铺些被子、褥子之类的柔软舒服的东西，让宝宝俯卧在上面，妈妈从宝宝背后扶着宝宝的双臂，帮宝宝支起双手，让宝宝用上肢和膝盖支撑身体。

　　这时候爸爸拿着玩具在前面引逗宝宝，让宝宝爬过来拿玩具，妈妈在后面挪动宝宝的一个膝盖至腹下方，然后在挪动另一个膝盖，帮助宝宝向前爬行。在妈妈的扶持和推动下宝宝会爬向爸爸，去拿玩具。

　　宝宝已能从仰卧翻到俯卧，能主动用前臂支起上身并抬头。父母应经常帮宝宝做这种被动爬行游戏，但每次时间不能过长。

　　爬行能锻炼宝宝身体平衡力，促进整体运动智能的发展，同时也锻炼了四肢和颈部的支撑力及其胸腹背的肌肉，促进宝宝茁壮成长。

5个月

◎精细动作能力

拉滚球

准备一个带环的球和一根彩色绳子,将绳子系在球上面。将宝宝放在床上,让他趴着,两手支撑着身体,妈妈拿着球和绳子在前面逗宝宝,引起他的兴趣。在宝宝注视球的时候,妈妈用手轻轻拨动一下球,让它滚到宝宝够不到的地方,然后再慢慢拉一下绳子,让球滚回来。演示几次后,将绳子的一端放在宝宝的手里,将球滚到远处,看宝宝能否模仿妈妈拉绳子。妈妈拉着宝宝的前臂,帮宝宝拉几次,再引导宝宝自己拉。

经验★之谈

这时候宝宝手部动作还不灵活,可能只是无意识地碰碰绳子,如果妈妈耐心地给他示范,拉着宝宝的手练习,宝宝慢慢会观察到碰绳子和球滚动之间的关系,从而将无意识的碰触变为有意识的牵拉。

这个游戏可训练宝宝手部的精细动作能力。

两手拿积木

准备两块小积木,妈妈拿着一块积木递给宝宝,让宝宝用左手接住,然后再拿起另一块积木给宝宝,观察宝宝是伸出右手来接,还是将积木转到右手里,腾出左手来接。

如果宝宝不会将左手的积木转到右手里,再伸出左手来接积木,妈妈可以诱导宝宝去转换,让宝宝知道两只手是可以协调使用的。在宝宝抓积木的时候妈妈可以轻轻将宝宝的大拇指和其他四指分开,让宝宝用抓握的方式拿东西。

经验★之谈

如果一两次游戏宝宝还是学不会抓握东西和交换使用左右手,不要勉强宝宝,让他多玩几次,因为不同的宝宝发育速度不一样,而且各项本领的发育也有差异,父母一定要耐心。这个游戏可训练宝宝手部协调能力和抓握能力。

敲摇捏推

准备几个易于宝宝抓握的带响玩具,如摇铃、拨浪鼓、智能娃娃,并将这些玩具放在宝宝面前,首先用手指着玩具向宝宝做介绍,如:"看,一个小娃娃,哦,还会叫呢,宝宝看"。让宝宝发现玩具,然后拿起一个玩具摇晃发出声音,引导他的手去抓握玩具,并在手中摆弄。

父母可拿着一个玩具摇晃、敲击、拍打,给宝宝演示,让宝宝边看边做,或和宝宝一起玩,拿玩具碰触宝宝或玩具,捏响玩具,与宝宝"抢"玩具等。

除继续训练其敲和摇的动作外，还要训练宝宝的推、捡等动作，并观察拇指和其他四指是否在相对的方向，及时纠正。

◎语言能力

听儿歌认小动物

用录放机或VCD给宝宝放一些儿童乐曲，提供一个优美、温柔和宁静的音乐环境，提高其注意力和愉快的情绪。给宝宝选择几首关于小动物的儿歌，父母和宝宝一起听，且边听边为宝宝模仿动物的形象和动作，父母还可以自己给宝宝唱一些儿歌，经常听儿歌能帮助宝宝为以后的语言学习打下基础。

小蜻蜓

河面上，蜻蜓飞，小小蜻蜓爱点水，我问蜻蜓在干啥？"我在这里生宝宝。"

小蝌蚪

小小蝌蚪长得乖，长长的尾巴圆脑袋，穿着一身黑衣裳，水中游玩好自在，小小蝌蚪瞧妈妈，花花绿绿着泥彩，四条腿儿岸上跳，没有尾巴好奇怪！

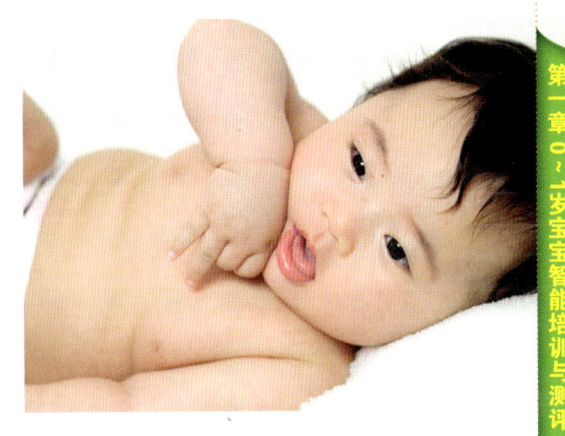

点名游戏

这个游戏可渗透到生活中，5个月大的宝宝都该有个小名了，父母除了呼唤"宝宝"外，生活中也应该尽量多呼唤宝宝的小名，让宝宝通过听觉，将大人的语音和自己结合起来。

宝宝要入睡的时候，妈妈可边拍宝宝边哼着："宝宝真乖，宝宝睡觉了。"

宝宝清醒的时候，妈妈在旁边叫宝宝的小名："宝宝，妈妈在这里呢""宝宝在说话呢哦"。

宝宝吃奶的时候，妈妈可抚摸着宝宝，"宝宝饿了，宝宝吃奶。"

经常呼唤宝宝的小名，宝宝听习惯了后，每次听到呼唤都会有反应，如回头或抬眼看看，或动一动小手等，当然这并不意味着宝宝能理解声音的含义。如果没有反应，需在不同的场合反复地练习，经常称呼以后，宝宝就学会将呼唤和自己联系起来了。

5个月

◎数学能力

和"1"交朋友

让宝宝靠着枕头坐在床上,准备几个小玩具堆放在宝宝眼前,妈妈拿起一个玩具,贴近宝宝的小脸,用示指给宝宝比画:"1",放回去后再拿出另一个,同样用手比画"1",跟宝宝说:"1个。"

然后妈妈拉着宝宝的小手,用示指做出"1"的动作,并让宝宝从玩具中拿出"1个"来:"宝宝,给妈妈拿一个玩具,1个。"边说边用手指比画。刚开始宝宝可能没有反应,或者伸手乱抓玩具,这时妈妈就拉着宝宝的手,从玩具中拿出一个来,告诉宝宝:"这是1个。"

以后宝宝要东西时妈妈要让他先用手指做个"1"的动作,再给他1个东西。在宝宝翘一根示指的时候只能给他一件东西,慢慢宝宝会理解"1"的含义。宝宝虽然还不知道"1"的含义,但经常强调宝宝会有种模糊的感觉,为以后真正认识数字有所帮助。

拍打小球

在宝宝床前挂两个大小相似的小球,高度以宝宝坐着时能随手碰到为宜。妈妈先拍打小球,引导宝宝用手拍打,当宝宝打到一个时,妈妈告诉宝宝:"宝宝打到了第一个小球"。宝宝再打第二个时,告诉他:"宝宝打到了第二个小球"。反复游戏。

随着宝宝的长大,可增加球的数量,让宝宝认识更多的顺序数字。

经验★之谈

边推打小球边说数字,将数字信息传递到宝宝的大脑,长时间训练可帮助宝宝感知"第一""第二"等顺序数字。

◎知觉能力

出门望远

给宝宝穿暖和，带着宝宝去户外，选择一个比较安静的地方，周围有房屋、树木等。

指着远处的楼房，告诉宝宝："宝宝看，那是楼房，多高呀！"指着一棵大树告诉宝宝："那是树，绿绿的，很漂亮哦！"指着奔跑的车子告诉宝宝："宝宝快看，那是车子，跑得多快，哇，车子跑了"等。还可以让宝宝随意地注视着远处，观察他的表情和目光移动。

宝宝的视力发展很快，到第5个月的时候，有明显的深度视觉，能注意到远距离的物体，父母要及时锻炼宝宝的视觉能力发育，从而提高宝宝的视觉能力。

手心脚心

将宝宝放在床上平躺着，脱掉宝宝的鞋袜，妈妈将手洗干净，拉着宝宝的小手，在宝宝的手心里用示指和中指轻轻划动，给宝宝制造一种痒痒的感觉，宝宝会摇着小手躲开，或者攥住小手。还可以用小黄瓜片或其他比较凉爽的东西代替手指，丰富宝宝的触觉。

用同样的方法刺激宝宝的脚心。做游戏时还可以和着节奏哼一些儿歌，如"小手心，大指头，划过来，划过去"等。

馋嘴小宝宝

给宝宝准备多种辅助性辅食，如水果泥、蔬菜泥、米糊等，有营养且易于消化。

在宝宝两次吃奶中间给宝宝喂少量的果泥，要一点点喂，速度要慢，让宝宝有足够的时间品尝、下咽。如果是冬天，果泥、蔬菜泥可适当加热，去凉气，以免伤到宝宝的胃，但不能加热过度，以免损失营养成分。

经验★之谈

中医认为手心、脚心相同，对宝宝的手心、脚心做适量的按摩有利于血液循环和气机运行。因此，日常生活中父母可经常给宝宝按摩手脚心。

这个游戏可提高宝宝的触觉反应能力，促进宝宝触觉发育。

5个月

◎思维能力

小小创作家

准备一些黏糊类食品，如常温奶油冰淇淋、婴儿专用食品等；给宝宝前面放一个大盘子，里面铺一张白纸。

妈妈用手指蘸一些准备好的食品，在纸上随便画一些图案，让宝宝观察一会儿。然后妈妈拉着宝宝的小手蘸一些食品，把着宝宝的手在纸上涂画，然后鼓励宝宝自己画。观察宝宝的反应，看宝宝能否模仿着妈妈在纸上"创作"一些图案。

妈妈在旁边观察，不要过多干涉，让宝宝自己乱涂乱画，每当宝宝画出一个线条或曲线时要给予鼓励，"哇，宝宝画了一个树枝呀"或"宝宝画了一个太阳呀，真好看"。以此激发宝宝自由创作的热情，锻炼宝宝的创造性思维能力。

经验★之谈

需要注意的是，游戏过程中不能让宝宝把食品吃进去，游戏结束后及时把宝宝的小手洗干净。

绣球哪里去了

准备一个小绣球，让宝宝依偎着坐在床上，妈妈用小绣球逗宝宝玩，并让宝宝自己拿着绣球摆弄一阵子；然后从宝宝手里拿过绣球，藏在手里，将藏着绣球的拳头伸到宝宝眼前，问宝宝："绣球哪里去了？"观察宝宝的反应，如果宝宝很茫然，就打开拳头，告诉宝宝："绣球在这里呢！"

游戏多次后宝宝会慢慢判断出来绣球就在妈妈的拳头里面，可能会盯着拳头看或者伸手碰触，这时要奖励宝宝一下。

经验★之谈

这个游戏可培养宝宝的判断能力，促进宝宝简单的逻辑思维能力的发展。

◎情绪与社交能力

做个幽默小宝宝

具有幽默感的宝宝大多开朗活泼，更容易融入周围的环境，同时也能拥有更加快乐积极的人生。宝宝的幽默感大约三成与生俱来，其余七成则靠后天培养。父母应该多给宝宝提供一些有趣的小游戏，更好地培养宝宝的幽默感。

捏小狗

让宝宝依偎着坐在床上或小椅子上，妈妈拿着一个智能小狗玩具在宝宝面前挤捏，让小狗"汪汪汪"大叫，刺激宝宝的兴趣，然后将小狗拿给宝宝，引导宝宝挤捏玩具，让小狗叫出声来。父母可多给宝宝演示几次，然后让宝宝随意地玩。宝宝通过自己手部的动作及小狗的叫声，慢慢会认识到挤捏与叫声之间的联系，从而学会自己捏响玩具。

5个月

宝宝智能开发效果测试

序号	测试项目	选项	得分
1	听到物品名时	A.眼睛找到目标（10分） B.眼看大人的手（8分） C.眼看大人的脸（6分） D.乱看（2分）	10分为合格（4个月以8分为合格）
2	听到金属着地的声音	A.用目光看地面寻找（10分） B.眼睛乱找（8分） C.不找（2分）	10分为合格
3	够吊球	A.单手够取（10分） B.双手抱取（8分） C.击中但够不着（6分） D.不够取（0分）	10分为合格
4	仰卧时自由抬腿	A.手能抓足（10分） B.手够不着足（8分） C.不抬腿（4分）	10分为合格
5	发"爸-爸""妈-妈""呵-呵"等	A.3个（15分） B.2个（10分） C.1个（5分）	10分为合格
6	玩藏猫猫	A.自己蒙脸逗大人笑（12分） B.大人蒙脸宝宝去拉开，会笑（10分） C.不会拉开，自己也不蒙脸，少笑（4分）	12分为合格（4个月10分为合格）

续表

序号	测试项目	选项	得分
7	吃奶时	A.双手抱奶瓶（或抱妈妈的乳房）（4分） B.不动手（0分）	4分为合格
8	吃奶时	A.自己将奶嘴放入口中（或自己寻找乳头）（4分） B.大人放入口中（2分）	4分为合格
9	翻身	A.从俯卧翻到仰卧翻或从仰卧翻到俯卧翻180度（10分） B.从侧卧转俯卧或仰卧90度（5分）	10分为合格
10	挟腋蹦跳	A.双腿能短时伸直负重（10分） B.双腿屈曲但却不能伸直负重（4分）	10分为合格
11	靠垫扶坐	A.头能伸直（10分） B.头向前倾（8分） C.头向后仰（6分）	10分为合格
12	仰卧拉坐时	A.双腿伸直能站起来（10分） B.头向前倾只能坐起（6分） C.头后仰靠人拉起（2分）	10分为合格

测试分析

1、2题测认知能力，应得20分；3、4题测精细动作，应得20分；5题测语言能力，应得10分；6题测社交能力，应得12分；7、8题测自理能力，应得8分；9、10、11、12题测大肌肉运动，应得40分。总分在110分以上为优秀，90～100分为正常，70分以下为暂时落后。哪一道题若在合格以下，可先复习3～4个月相应的试题或该能力组的全部试题，再学习本月龄组的试题。若哪一题在合格以上，可跨过本阶段的试题，进行下个阶段能力组练习。

第六节 6个月的宝宝

宝宝智能发育状况

◎自我认知能力发育

有些宝宝学得快，有些学得慢。如果宝宝某项技能比别人家的宝宝发育缓慢，也不用着急，需要做的就是多多地鼓励宝宝，继续训练。但如果宝宝发育明显迟缓，可到医院做个检查。这个月龄的宝宝会够玩具了，而且能把它们抓起来，还会抓起东西来回摇晃。他还可以用一只手抓起一个玩具，然后把它放到另一只手里。宝宝可以自己抓住奶瓶喝奶了。他能听懂自己名字，妈妈呼唤他的名字时，他会转头看着妈妈。他喜欢和经常在他身边的人玩，除了妈妈外，他尤其喜欢和爸爸玩，还喜欢和小哥哥小姐姐们玩。宝宝可以坐起来了，但需要妈妈两手支撑。他坐着的时候还不能直立身体，有些前倾；妈妈忙的时候，让宝宝靠一个大枕头或被子，他就能自己坐着玩。妈妈不高兴时宝宝也能听出来、看出来，他不喜欢妈妈不高兴。他能注意到父母是否在意他，他还会注意父母对待其他人的方式。他喜欢有人时刻关注着他，和他说话，逗他玩。

宝宝感知能力发育标准

◎视觉能力发育

宝宝能够自由转头，视野扩大了，视觉灵敏度也已经接近成人水平。宝宝手眼协调能力改善，对周围世界充满了好奇心和探索欲望。

◎手部能力发育

如果把玩具弄掉了，他会转着头到处寻找；会伸手够东西或从别人手里接过东西。

◎脚部能力发育

宝宝会脚尖蹬地，身体不停地蹦来蹦去。仰面躺着时，宝宝会抓住自己的脚和脚趾，并送入口中；坐起时，他会拍自己的臀部和大腿。

◎运动能力发育

宝宝仰卧时喜欢把两腿伸直举高。宝宝的头能稳稳当当地竖起来了。一旦宝宝挺起胸部，就可以帮助他坐起。随着腰部肌肉的发育，靠坐时就能伸直腰部。

◎情绪和社交能力发育

宝宝已有比较复杂的情绪了，高兴时会笑，不称心时会发脾气，父母离开时会害怕、恐惧。宝宝充满了活力，给他哺乳或换尿布时总是扭来扭去，时刻都不安分。

◎语言

这个月的宝宝，可以和妈妈对话，两人可以无内容地一应一和地交谈几分钟。他自己独处时，也会大声地发出简单的声音，如"妈""嗒""爸"等。妈妈和宝宝对话，增加了宝宝发声的兴趣，并且丰富了发声的种类。

因此在宝宝咿咿呀呀自己说话的时候，妈妈要与他一起说，并且让他观察妈妈的口型。耳聋的宝宝也能够发出声音，后来正是因为他们听不到别人的声音，而失去了学习的机会，失去了发声的兴趣，才使言语的发展出现障碍。

◎动作

这个月的新生儿肌肉发育增快，手脚的运动能力增加，只要是看见的东西，都喜欢伸手抓一把。

大多数宝宝还不会用示指拿东西，只能用手掌和手指一起大把抓。随着视觉和运动能力的发展，宝宝不仅能看周围的物体，而且会把看到的东西准确地抓到手。抓到手以后，还会翻过来倒过去地仔细看，会把东西从这只手换到另一只手上。

这个月的宝宝有个特点，就是不厌其烦地重复某一动作，经常故意把手中的东西扔在地上，然后捡回来再扔出

第一章 0～1岁宝宝智能培训与测评

83

6个月

去，可反复20多次。也常把一件物体拉到身边，推开，再拉回，反复做。这是宝宝在显示他的能力。

经验★之谈

5个多月的宝宝口水流得更多了，尤其是在微笑时会流个不停。如果让他仰卧在床上，他可以自如地变为俯卧位置，在坐着的时候背挺得很直。当大人扶住宝宝站立时，宝宝能够完全直立。在床上处于俯卧位时很想往前爬，但由于腹部还不能抬高，所以爬行受到一定限制。

◎心理

这个月的宝宝可以用手去抓悬挂着的玩具，会用双手分别握住一个玩具。如果你叫他的名字，他会看着你笑。在他仰卧的时候，双脚会不停地踢蹬。

学习能力不断增强，最初，宝宝学习认一样东西需要15～20天，学认第二样东西需12～16天，以后就越来越快了。注意不要性急，要一样一样地教，还要根据宝宝的兴趣去教。

◎视觉

这个月龄的宝宝在遇到他双手所能触及的物体时，都要用手去摸一摸；凡是他双眼所能见到的物体，他都要仔细地瞧一瞧，但是这些物体到他身体的距离须在70厘米以内，对于双眼见到的任何物体，他都不肯轻易放弃主动摸索的大好良机。

◎感觉

此时的宝宝可以比较精确地辨别各种味道，对食物的喜好表现得很清楚。能静静地听他喜欢的音乐，叫他的名字会有反应，喜欢会发出声音的玩具。

聪明宝宝这样教

◎大动作能力

此时的宝宝已经6个月了，随着宝宝肌肉的发育，在运动能力方面有了很大的发展。

宝宝平卧在床面上，他能主动将头抬起来，不需要任何帮助。仰卧时，还会将自己的脚放到嘴里。

在俯卧位时，宝宝会以腹部为中心做旋转运动。宝宝俯卧时，放一玩具在宝宝够不到的地方逗引他做旋转运动，他会以腹部为中心，两腿协同作圆形移动。

俯卧时，宝宝的手和膝盖挨在床面上，有爬行的姿势。宝宝用手和膝盖向前爬时，腹部挨着床面，拖着自己匍匐向前，这是一种不成熟的爬行；还可以屁股坐着拖着自己一点点向前移。

坐位时，能坐直1分钟。宝宝坐在一个硬的平面上，可不用任何支持，背挺直。

在站位时，父母只拉着宝宝的双手，将他的手臂充分伸展至肩的高度（为了保持平衡），宝宝能站片刻。

◎大动作游戏

小猫钓鱼

当宝宝躺在自己的小床里时，妈妈可以用双手紧紧握住宝宝的双手，感受宝宝的力气，然后慢慢地将他抱起，使他从躺的姿势变成坐的姿势，然后变成站姿。建议每天做3~5次。

为了保证宝宝的安全，建议使用以下的抓握方式：妈妈的大拇指让宝宝的5个手指握住，妈妈剩余的4个手指抓住宝宝的手腕，以保证宝宝的手腕不受伤。

6个月以上的宝宝也可以玩这个游戏，这时，你就可将宝宝整个人吊挂起来，轻轻地前后摇晃。但是要注意，游戏时，不要前后左右地胡乱摇晃，否则很容易让宝宝的关节受伤。

经验★之谈

这个游戏可以锻炼宝宝全身的肌肉，提高肌肉的耐力，有助于宝宝日后学习爬行和走路。

6个月

翻身匍匐

让宝宝仰卧在大床上，将玩具放在宝宝左侧伸手够不到的地方，宝宝为够取玩具会向左侧翻，伸手使劲还够不着时，全身再使劲就会变成俯卧，然后换个方向。这种动作要经常练习，到7个月时才能翻滚。

可将玩具放在宝宝体侧伸手够不到处，经常翻滚有助于肌肉关节和左右脑统合能力的发展。

翻滚后，如果宝宝的体力还好的话，可再训练一下匍匐，在宝宝前方用玩具引逗，由于这个月的宝宝腹部着床只是在原地打转或后退，家长可把手放在宝宝的脚底，帮助他向前爬行，以后逐渐用手或毛巾提起腹部，使身体重量落在手和膝上，以便向前爬行。

◎精细动作能力

6个月的宝宝，在精细动作上，手部的抓握能力已经相当强，不但可以牢牢地抓住东西，而且还会自己伸手去拿。因此，可以在此时锻炼宝宝的手部能力，加强精细动作方面的锻炼，以使宝宝的动作智能发育得更完善。

经验★之谈

其实，宝宝动作的发育虽然是循序渐进的，但如果能够恰当地训练，给宝宝锻炼的机会，在一定程度上可以使宝宝的动作发育早些、成熟些。但也不能操之过急，如果不遵循宝宝动作发育的规律，脱离宝宝自身的发育，盲目训练，这样不但没有好的效果，反而会影响宝宝的发育。

◎精细动作游戏

滚小球

爸爸妈妈要和宝宝一起坐在地面上，和宝宝保持着面对面的姿势。首先爸爸妈妈要把球滚给宝宝，然后拉着宝宝的手，告诉他怎样把球再滚回来。宝宝会觉得很有趣，只要对他稍加鼓励，他很快就能学会将球滚回来。在游戏进行过程中，一旦宝宝学会将球抛出很远，就意味着他已经开始喜欢上这个游戏了。

经验★之谈

这个游戏的互动性比较强，一方面可以改善宝宝的情绪，让他更加愉悦地享受和别人互动的感觉，另一方面也能促进宝宝和别人的互动交往能力。

拿出来，放进去

准备一个大口的空盒子，各种小体积玩具和物品，如小彩球、积木块、小铃铛、奶嘴、手帕等。

将大盒子和玩具堆在宝宝前面，在宝宝的注视下，将玩具一件件放进盒子里，然后再一件件拿出来，动作要缓慢。演示完后，让宝宝自己将玩具一件件放进去，再拿出来，反复游戏。6个月大的宝宝要学着用示指去拿捏小东西，父母应多给宝宝提供拿捏机会，锻炼宝宝手部的精细动作，帮助宝宝提高手部的灵活性。

◎语言能力

父母可以重复音节，轻微地变化声音，慢慢地让宝宝模仿发音。此时已不是单独的元音或辅音，而是能发出一些音节。父母要有意识地教宝宝一些音节的发音。宝宝会很清晰地模仿出这些音，但没有任何意义。此时父母在宝宝发音时要给予应答和鼓励，使宝宝建立此音与实际意义的联系，为宝宝有意识地叫爸爸、妈妈打好基础。集中重复，让宝宝形成语言信号反应。唱相同的歌或摇篮曲不仅可以用来逗宝宝，还会因为重复地唱而帮他学习。当你经常给宝宝看灯，告诉宝宝"灯"，并指给宝宝看，以后宝宝一听到"灯"这个词的信号就会马上去找，这时就开始建立了语言信号的反应。

6个月

◎语言游戏

宝宝听儿歌

在宝宝精神状态好时，给宝宝唱一些有关身体部位名称的儿歌，帮助宝宝认识身体，丰富宝宝的语言信息，可边唱边指着相应的部位。

> **小青蛙**
>
> 我是一只小青蛙，我有一张大嘴巴（指嘴），两只眼睛长得大（指眼睛），看见害虫我就一口吃掉它；我是一只小青蛙，前腿短来后腿长（指腿），田里住来水上爬，看见害虫我就一口吃掉它。

认识父母

爸爸、妈妈、奶奶一起和宝宝做游戏，准备一件能发声的玩具，如拨浪鼓。奶奶抱着宝宝玩，爸爸在门边摆弄一下拨浪鼓，让宝宝听见声响，奶奶告诉宝宝："爸爸回来了。"让宝宝转过头去看爸爸。

然后妈妈在门口摆弄拨浪鼓，让声音传到宝宝耳朵里，奶奶告诉宝宝："妈妈回来了。"让宝宝转头看见妈妈。训练几次后，爸爸在门口弄出响声，奶奶告诉宝宝："妈妈回来了。"让宝宝回头看，观察宝宝看到爸爸时的表情。

经验★之谈

这个游戏让宝宝将不同的人和相应的名称联系起来，知道爸爸和妈妈是什么意思，从而提高宝宝的语言理解、记忆能力。

◎ 情绪与社交能力

从第6个月起，宝宝开始有了独立的意识。他开始有点意识到自己与妈妈是不同的个体，知道自己对周围的人和物会产生的影响，甚至知道了自己的名字。于是，随着记忆力和对周围意识的发展，宝宝的个性也在不断地发展。他开始了解什么是可以做的，什么是不能做的。但是，爸爸妈妈还不能从此就期望他是个"完美"宝宝，因为尝试与学习打破你原来预期的"边界"，正是小家伙学习与探索的方式之一。

因此，在这个阶段，最亲近的人离开，会令宝宝焦虑不安，他会表现出恋恋不舍的样子，甚至哭闹。尽管宝宝这种黏人的现象有时令人烦恼，但这正表明宝宝开始意识到爸爸妈妈或其他亲人对他有多重要。

培养训练宝宝的社交行为必须了解他在不同年龄段不同的心理特征，超前或滞后的游戏训练方法，对宝宝正常社交行为的发展都不利。即使他到了一定年龄段应该掌握的技能还不熟练，父母也急躁不得，而要鼓励宝宝增强他的自信心。

◎ 情绪与社交能力游戏

多看、多认

待宝宝对色彩有了一些感觉后，可以试着通过看颜色卡片来引导宝宝认识单独的颜色。多和宝宝看卡片，一边看一边指认："红色的苹果""黄色的橘子。"不管宝宝是否能听懂，这样的重复认读，会在宝宝的脑海里形成影像。

认识自己的名字

父母用相同的语调叫宝宝的名字，叫宝宝的名字时，注意观察宝宝能否回过头来，如果能，则说明宝宝对他的名字已经领会了。此时，父母可用激励的话语对宝宝说："对了，你就是宝宝，宝宝真聪明"。如果宝宝没有反应，父母要耐心、反复地告诉他。如果宝宝情绪不好，最好暂停此游戏。这种游戏可以很好地训练宝宝对特定语言的快速反应能力，并且让宝宝知道自己的名字。

6个月

宝宝智能开发效果测试

序号	测试项目	选项	得分
1	听到大人说物品名称	A.用手指物品的方向（16分） B.用眼睛看物品（10分） C.不看（0分）	10分为合格
2	握物	A.两手分别各拿一物（10分） B.用拇指与示指、中指、无名指和小拇指相对握物（5分） C.5个手指向相同方向大把抓握（3分）	10分为合格
3	传手	A.握物时能传手（10分） B.扔掉手中之物再取一物（6分）	10分为合格（5个月20天前6分为合格）
4	仰卧	A.手抓到脚，将脚趾放入口中啃咬（10分） B.手在体侧抓到脚（8分） C.手抓不到脚（2分）	10分为合格
5	发辅音，如"妈-妈""爸-爸""奶-奶""嗒-嗒"等，能理解其意义	A.3个（10分） B.2个（7分） C.1个（5分）	10分为合格
6	大人背儿歌时	A.会做一种动作（10分） B.只笑不动（5分） C.不笑也不会做动作（0分）	10分为合格

续表

序号	测试项目	选项	得分
7	照镜时笑、同他说话、用手去摸、同他碰头	A.4种（15分） B.3种（12分） C.2种（6分） D.1种（3分）	12分为合格
8	遇见陌生人	A.将身体藏在妈妈身后或躲藏在怀中（8分） B.注视（6分） C.完全不避陌生人（4分）	8分为合格
9	吃固体食物	A.自己拿饼干吃，并咀嚼（8分） B.含着慢慢下咽（4分） C.不吃硬食物（0分）	8分为合格
10	排便前	A.出声表示（8分） B.用动作表示（6分） C.不表示（2分）	6分为合格
11	俯卧托胸	A.头部、躯干、腿完全持平（10分） B.腿膝屈（8分） C.腿下垂（2分）	10分为合格
12	俯卧时上身抬起腹部贴床	A.在床上打转360度（6分） B.打转180度（4分） C.打转90度（2分） D.完全不转（0分）	6分为合格

测试分析

1题测认知能力，应得10分；2、3、4题测精细活动，应得30分；5、6题测语言能力，应得20分；7、8题测社交能力，应得20分；9、10题测自理能力，应得14分；11、12题测大肌肉运动能力，应得16分。总分在110分以上为优秀，90~100分为正常，70分以下为暂时落后。哪一道题若在合格以下，可先复习4~5个月相应的试题或该能力组的全部试题，再学习本月龄组的试题。若哪一题在合格以上，可跨过本阶段的试题，进行下个阶段能力组练习。

第七节 7个月的宝宝

宝宝智能发育状况

◎ 手部动作能力发育

这个月的宝宝两手开始了最初始的配合，会用双手同时握住较大的物体，而且宝宝抓物更准确了，最让父母感到惊奇的是，给他一件物品，等他握住了以后，再给他另一件，他竟然会把拿在手里的东西转移到另一个手里，然后用腾出来的手再接东西。

这对宝宝来说是一大进步。手部的动作跟宝宝的大脑发育和手脑协调能力的发育关系很紧密，宝宝只有大脑发育到一定程度，才能够协调自己的双手。

这时候宝宝的手已经可以受大脑支配了，如果他不高兴，便会把手里的东西很自然地扔到一旁；在一堆玩具中，他已经能够用手准确地拿出自己喜欢的那个。宝宝的大脑指挥能力越来越强，肢体的执行能力也越来越强。

◎ 情感和社交能力发育

此时的宝宝已经能够区别亲人和陌生人，看见看护自己的亲人会高兴，从镜子里看见自己会微笑，如果和他玩藏猫猫的游戏，他会很感兴趣。这时的宝宝会用不同的方式表达自己的情绪，如用哭、笑来表示喜欢和不喜欢。他能有意识地较长时间注意感兴趣的事物了。

宝宝现在玩玩具的时间更多了。7个月大的宝宝会努力用腹部支撑着往前爬，去拿玩具。这时，父母务必要仔细检查房间，看看家里有没有潜在的危险。宝宝什么东西都能翻出来，他们能看见地板上、家具底下、大人站着看不见的细小物件。检查的时候要看看地板是否安全，一定要亲自趴下去看，用手和眼睛去发现所有的危险。

宝宝感知能力发育标准

◎认知能力发育

大多数宝宝已经有了深度知觉，如用嘴感觉物体的软硬、滋味，用手抓取物体，感觉它的质地、形状、大小；他还会将东西握在手里摇来晃去，有意识地制造声音，听物体发出的声音；宝宝还会掰东西，拍打物体，摸一摸各种物体，并开始全面地认识一件物体。

宝宝对新鲜的物体很感兴趣，对还没有学会的能力也很乐意尝试，并且会不断地挑战自己。

◎语言能力发育

宝宝这时候已经能够熟练地寻找声源，听懂不同语气、语调，更重要的是宝宝这时候对周围的所有声音都充满了好奇，他会主动地模仿一些简单的声音和话语，半天或几天一直重复这个音节，直到开始模仿学习下一个音节为止。宝宝对父母等人所发出的声音能做出更加敏锐地反应，并尝试着跟大人"聊天"，因此要像教他叫"爸爸"和"妈妈"一样，耐心地教他一些简单的词语，如"小狗""猫""热了""冷了""走来了""出去"等。此时最重要的还是父母的参与，父母要多和宝宝说话。

◎动作

这个月的宝宝会独立地翻身，如果扶着他，能够站得很直，并且喜欢在扶立时跳跃。把玩具等物品放在宝宝面前，他会伸手去拿，并放进自己口中。6个月的宝宝已经开始会坐，但还坐不太好。

◎听觉

在这个阶段开始的时候，宝宝对于声音虽然有反应，但是他还不明白话语的意思。你也许会觉得宝宝已能领悟别人在叫他的名字，其实，那是因为他熟悉你的声音特征的缘故，才会作出响应。但是，到了这个阶段快要结束的时候，宝宝对于话语就会表现出选择性的反应，对于说英语或汉语的宝宝家庭来说，宝宝们的最初语汇几乎都是相同的，而且也是可以预料的语汇：妈妈、爸爸、再见以及宝宝等。在这个阶段的前半段时间里，宝宝对于话语本身并无明显的兴趣，他们只是对于自己玩弄出来的咯咯的声音感兴趣，同时对于你在和他接触时所发出的一些简单声音会有反应动作。

7个月

◎视觉

宝宝在6~7个月以后，远距离知觉开始发展，能注意远处活动的东西，如天上的飞机、小鸟等。

这时的视觉和听觉有了一定的细察能力和倾听的性质，这是观察力的最初形态。这时期的宝宝，周围环境中新鲜的和鲜艳明亮的活动物体都能引起他的注意。拿到东西后会翻来覆去地看看、摸摸、摇摇，表现出积极的感知倾向，这是观察的萌芽。这种观察不仅和动作分不开，而且可以扩大宝宝的认知范围，引起快乐的情感，对发展语言有很大作用。但是，宝宝的观察往往是不准确、不完全的。

◎心理

这个月的宝宝，运动量、运动方式、心理活动都有明显的发展。他可以自由自在地翻滚运动；向熟人表示微笑，这是很友好的表示。不高兴时会用噘嘴、扔摔东西来表达内心的不满。照镜子时会用小手拍打镜中的自己。经常会用示指指向室外，表示内心向往室外的自然美景，示意大人带他到室外活动。这个月的宝宝，心理活动已经比较复杂了。他的面部表情非常丰富，会表现出内心的活动。高兴时，会眉开眼笑、手舞足蹈、咿呀作语。不高兴时会怒发冲冠、又哭又叫。他能听懂严厉或亲切的声音，情绪是宝宝的需求是否得到满足的一种心理表现。

宝宝从出生到2岁，是情绪的萌发时期，也是情绪、性格健康发展的敏感期。

> **聪明宝宝这样教**

◎大动作能力

在教宝宝学爬时，爸爸妈妈可以一个拉着宝宝的双手，另一个推双脚，拉左手的时候推右脚，拉右手的时候推左脚，让宝宝的四肢被动协调起来。

这样教导一段时间，等宝宝的四肢协调得非常好以后，他就可以立起来用手和膝爬行了。在爬行的练习中，让宝宝的腹部着地也可以训练他的触觉。因为触觉不好的宝宝会出现怕生、黏人的症状。一旦宝宝能将腹部离开床面靠手和膝来爬行时，就可以在他前方放一只滚动的皮球，让他朝着皮球慢慢地爬去，他爬得逐渐加快。对于爬行困难的宝宝，可以让他从学趴下开始训练，然后由爸爸妈妈一起帮助宝宝学爬行。其实，刚学爬的宝宝都有匍匐前进、转圈或向后倒着爬的现象，这是学爬的一个过程。爸爸妈妈一定要有耐心，想要宝宝学会爬，就要下些功夫。

经验★之谈

要给宝宝学爬开辟出一块场地，可以在硬板床上，也可以在地板上或地毯上，周围移去不需要的东西，任宝宝在上面自由地"摸爬滚打"。练习爬对宝宝来说是一项很费劲的运动，注意每次训练时间不要太长，根据宝宝的兴趣，花上5～10分钟就可以了，但每天都要坚持。

◎大动作游戏

双手交替玩玩具

爸爸妈妈可以将有柄带响的玩具让宝宝握住，然后，自己手把手摇动玩具，宝宝自己也就学会摇动玩具；接下来，再给宝宝两个玩具，让宝宝一手一个玩具，或是摇动或是撞击敲打出声；给宝宝一手拿一个玩具后，再在宝宝身旁放两件玩具，让宝宝两手交换几个玩具，并教他如何取玩具。

7个月

拨弄小碗

爸爸妈妈可以教宝宝拨弄小碗。用全掌拨弄小碗，能使宝宝的整个手指都弯曲；也可用拇指和其他四指一起拨弄小碗。这个训练，可以使宝宝的小手更灵活。

◎精细动作能力

宝宝到7个月大时，手的动作会变得更加灵活，逐渐学会自己拿东西，大拇指和其他四指分开，特别是示指的能力有很好的发展，如能将示指伸进瓶口，掏出里面的东西；会用手伸进盒子里捡起里面的玩具等。

这时宝宝手部动作的能力越来越强，有时爸爸妈妈在喂饭时，他会伸手抓勺子；不想吃时，还会将勺子推开；喜欢把手伸在饭碗里，然后将手放入口中，有趣地"吃"，往往这时候爸爸妈妈总是很着急说："哎，太脏了，不要把手放到嘴里！"但是，爸爸妈妈阻止宝宝这样做是不科学的。

因为宝宝的运动发育过程，遵循头尾规律，即从头开始，然后发展至脚，感知的发育也是如此。宝宝发展到一定阶段，就会出现一定的动作。其实，宝宝能用手把东西往嘴里放，这代表他的进步，这意味着他已经为日后自食打下良好基础，与此同时，也锻炼了手的灵活性和手眼的协调性。这时，爸爸妈妈应鼓励宝宝这样做，并要采取积极措施，例如把宝宝的手洗干净，让他抓些饼干、水果片类的"指捏食品"，这样不仅可以训练示指的能力，还能摩擦牙床，以缓解长牙时牙床的刺痛。

◎精细动作游戏

盖盖子

许多宝宝都喜欢玩锅碗瓢盆等一些炊事用具，这时爸爸妈妈可教他如何盖盖子。在宝宝能盖好一个盖子后，再给他另一个不同大小的盖子，看宝宝是否知道在瓶上应盖哪一个盖子。这个游戏可以锻炼宝宝的精细动作能力，为宝宝以后学会独立打下基础，还可以增进母子感情。

捡玩具

妈妈准备一些小玩具，放在宝宝面前，让宝宝用手去取，并在开始时加以指导。通过这个游戏，可以使宝宝用拇指与示指对捏拾取一些细小物品，这一精细动作可以锻炼宝宝手眼协调能力，有利于促进大脑的发育。

◎语言能力

宝宝7个月大时，会从单纯地玩自己的声音转而模仿来自外界听到的声音，并会使用自己母语范围内的音素来表达，虽是模仿动物的叫声或玩具所发出的声音，也不全模仿得一模一样，不过，到了这个阶段，宝宝很少会发出生活中不存在的语言或声音了，而是发出一些很熟悉的音节，并且模仿咳嗽声、舌头咔嗒声或咂舌音，还经常对熟悉的人发音。

经验★之谈

爸爸妈妈说的话语，是宝宝最爱模仿的，这种模仿发生在宝宝还不能正确发音的时候。所以，宝宝会学大人说话的节奏、韵律或整体感觉，用自己容易说出的语音不断地重复。因此，爸爸妈妈可以多与宝宝说话，培养宝宝的语言能力。

7个月

◎语言能力游戏

爸爸妈妈要与宝宝面对面，用愉快的口气和表情发出"啊-啊""哦-哦""妈-妈""爸-爸"等重复音节，吸引宝宝注视你的口型，每发一次重复音节应停顿一下给宝宝模仿的机会。还可以抱着宝宝在穿衣镜前，让他看着你的口型和他自己的口型，练习模仿声音。

经验★之谈

这个游戏能增强宝宝的初步记忆能力，提高宝宝的口语表达能力。

宝宝刷刷刷

准备一把颜料刷或者大号的油画笔，不要买容易脱毛的。不要给宝宝穿太多衣服，以便和宝宝肌肤接触，室内温度同样也要舒适。把宝宝抱在怀里，用颜料刷轻轻地刷宝宝的脚指头，告诉宝宝："这是宝宝的脚指头。"一边刷一边唱儿歌："刷刷刷，刷老大，刷老二，左刷刷，右刷刷"等。然后轻刷宝宝的脚心、脚背，并告诉宝宝："这是脚心，这是脚背。"如果宝宝很开心，就接着刷宝宝的其他部位，刷的时候要反复念相应部位的名称，加深印象。

经验★之谈

边刷边和宝宝对话或者唱歌，让宝宝结合听觉和触觉理解语言，认识自己身体各部位，丰富宝宝的词汇。

认识瓜果蔬菜

让宝宝垫着垫子坐在地板上，如果是冬天可以在床上铺一块桌布或床单等东西，让宝宝坐在上面，将一些常吃的瓜果蔬菜洗干净后放在一个筐子里，拿到宝宝面前，让宝宝观察一会儿，他会自己动手去抓握。

妈妈拿起一个橘子问宝宝："宝宝，这是什么，这是橘子吗？"然后自问自答："是，这是橘子，这是圆溜溜的大橘子，很甜的""这是黄瓜吗？对，这是黄瓜，绿绿的黄瓜"等。妈妈可以边给宝宝介绍边让宝宝摸水果蔬菜，要注意的是不能拿着苹果问宝宝："这是梨吗？"这样容易让宝宝混淆，等宝宝长大一些后再做这种复杂游戏。水果蔬菜最好选择颜色鲜艳，外表光滑，摸着舒服的，如苹果、梨、香蕉、萝卜、西红柿等。让宝宝接触生活中常用的东西，熟悉生活，同时丰富语言词汇，训练宝宝联系词语和实物的能力。

◎情绪与社交能力

伴随着怕生的行为，宝宝还会出现对爸爸妈妈的过分依恋。

这时期爸爸妈妈要尽量陪伴宝宝，不要长期离开自己的宝宝，在对爸爸妈妈依恋的基础上，宝宝会渐渐建立起对环境的信任感，发展起更复杂的社会性情感、性格和能力，巩固早期建立的亲子关系。宝宝怕生的程度和持续时间的长短与教养方式有关，如果平时爸爸妈妈能经常带宝宝出去接触外界，多和陌生人交往，经常给他摆弄新奇的玩具，那么怕生的程度就会轻一些，持续的时间也会短些。

◎情绪与社交能力游戏

认识亲人

每当家里来客人时，父母都要告诉宝宝这个人是谁，该怎么称呼，然后让宝宝打招呼问好等，如外婆来了，妈妈跟宝宝说："这是外婆，宝宝，叫外婆，外婆好！"朋友家的小男孩来了就告诉宝宝："这是哥哥，宝宝想不想和哥哥一起玩呀？哥哥多喜欢你"等。

从宝宝有记忆力的时候就对宝宝进行耳濡目染的教育，慢慢地宝宝自然地学会与人交往，在未来的人际交往中也会觉得轻松自如，表现得大方得体。

懂礼貌

在日常生活中，父母要有意识地给宝宝灌输一些礼貌用语，如：父母出门时向宝宝挥挥手，跟宝宝说"宝宝再见"；家里有客人离开时，妈妈可拉着宝宝的小手边挥动边说"再见"；有客人来时拉着宝宝向客人挥手欢迎，并说"您好"；给宝宝喂饭时教宝宝说"谢谢"等。

经验★之谈

礼貌是与人交往的基础，懂得礼貌待人是一个人修养的外在表现，所以父母要从小让宝宝养成懂礼貌的好习惯。

7个月

宝宝智能开发效果测试

序号	测试项目	选项	得分
1	拿走正在玩的玩具时	A.尖叫乱动表示反抗（10分） B.啼哭反抗（8分） C.不觉察（0分）	10分为合格
2	听到大人说物品名称会用手或用眼看物品的方向	A.4种（16分） B.3种（12分） C.2种（8分） D.1种（4分）	12分为合格
3	两手各握一物	A.对敲（10分） B.会用一手各握一物（8分） C.双手抱紧一物放手时会掉下（6分） D.不握物（0分）	10分为合格
4	拨弄小圆球	A.一把抓住（12分） B.用手指拨弄（10分） C.注视不摸（2分）	10分为合格
5	当大人说"不许"	A.停止原来动作（10分） B.笑仍继续（6分） C.无反应（2分）	10分为合格
6	会用手势表示语言，如再见、谢谢、点头、摆手等	A.3种（15分） B.2种（10分） C.1种（5分） D.不会（0分）	10分为合格
7	懂得大人表扬和批评	A.语言（8分） B.表情（6分） C.语言加上表情（4分） D.不懂（0分）	8分为合格

续表

序号	测试项目	选项	得分
8	记得离开7～10天的熟人	A.再见时亲热投怀（8分） B.对人笑（6分） C.四肢舞动（4分） D.注视（2分）	8分为合格
9	像大人一样托杯喝水	A.自己双手捧杯喝水（6分） B.完全由大人拿杯，才能够喝水（4分） C.只会用奶瓶不会用杯（2分）	4分为合格
10	排便前	A.有声音表示（10分） B.能用动作表示（8分） C.由大人定时把，自己不表示（4分） D.用一次性纸尿裤（2分）	8分为合格
11	翻滚	A.连续翻360度，并且打几个滚（10分） B.能翻360度（8分） C.翻身180度（4分） D.翻90度（0分）	10分为合格
12	坐稳	A.双手自由活动（12分） B.双手在前面支撑（10分） C.身体向前倾斜倒下（8分） D.靠坐（4分）	10分为合格

测试分析

1、2题测认知能力，应得22分；3、4题测精细动作，应得20分；5、6题测语言能力，应得20分；7、8题测社交能力，应得16分；9、10题测自理能力，应得12分；11、12题测大肌肉活动能力，应得20分。总分在110分以上为优秀，90～100分为正常，70分以下为暂时落后。哪一道题若在合格以下，可先复习5～6个月相应的试题或该能力组的全部试题，再学习本月龄组的试题。若哪一题在合格以上，可跨过本阶段的试题，进行下个阶段能力组练习。

第八节 8个月的宝宝

宝宝智能发育状况

◎语言能力发育

这个月的宝宝在肢体运动能力方面有了很大的进步，可以扶着东西站起来了，而且能够稳当地站立；随着大脑的发育，宝宝手指的灵活性也大大提高，有时候一次可以捡起2～3个小东西了，宝宝还会将手中的东西放在口中，腾出手去拿其他东西。

宝宝开始向识别音节的阶段转变。他能够笨拙地发出"妈妈"或"拜拜"，不久宝宝就会熟练地用"妈妈"来招呼大人，但他可能对爸爸也用这个词。这个月的宝宝的语言发育处在重复连续音节阶段，能够将声母和韵母连续发出，如"爸-爸-爸""嗒-嗒"等。宝宝喜欢模仿动物的声音，如果听到小狗叫，他会学着发出"汪—汪"的声音。宝宝喜欢听新的声音，不喜欢做已经很熟悉的事情。

◎视觉和认知能力发育

这个月的宝宝对看到的东西有了直观的思维能力，如看到奶瓶就会与吃奶联系起来，看到妈妈端着饭碗过来，就知道妈妈要喂他吃饭了。因此这时候应该多教宝宝认识物品，并将物品与其功能联系起来，这对宝宝智力开发有很大的促进作用。宝宝能够"透过现象看本质了"，一件物品如果被什么东西挡住了，他知道那个东西还存在，这是宝宝认知发育过程中的一次飞跃。宝宝会记住他所感兴趣的东西，如果父母将他感兴趣的东西藏起来，他会用眼睛寻找了。这个月的宝宝对周围的一切充满好奇，但注意力难以持续，很容易从一个活动转入另一个活动。宝宝会对着镜子中的自己拍打、亲吻，会激动地做出各种表情，会移动身体去拿自己感兴趣的玩具。

◎ 情感和社交能力发育

宝宝已经懂得大人的许多面部表情，如高兴、生气、赞扬、冷漠等。宝宝喜欢父母对他露出高兴和赞扬的表情，得到父母夸奖时他会微笑，训斥时会表现出委屈的样子；父母友善地对宝宝说话，给他唱歌，宝宝会很高兴地听，还不时地给予回应；如果父母训斥他，他会皱着眉头，张大嘴巴开始哭泣。也就是说，这个月的宝宝已经开始能理解别人的感情了，而且对较为细腻的感情会有所体会。总的来说，这个月的宝宝，各方面的能力都有了明显的增强，父母要为宝宝提供锻炼的空间与机会，还要增加宝宝的室外活动。户外活动在宝宝成长中的意义很大，对宝宝的身心都有益，父母及看护人要尽最大可能，多带宝宝做室外活动，不要老是把宝宝闷在家里。

宝宝感知能力发育标准

◎ 语言

这个月的宝宝能听懂妈妈简单的语言，他能够把语言与物品联系起来，妈妈可以教他认识更多的事物。妈妈想让宝宝认识一件东西，可先让他摸摸看看，吃的东西可先让宝宝尝尝，先让他懂得了，然后反复告诉他这件东西的名称。

◎ 动作

这个月宝宝的各种动作开始具有意向性，会用两只手去拿东西；会把玩具拿起来，在手中来回转动；还会把玩具从一只手递到另一只手或把玩具放在桌子上敲着玩；宝宝示指的活动也灵巧多了，这时宝宝的手如果攥住什么不会轻易放手，妈妈抱着宝宝时，他就攥住妈妈的头发、衣带。

第一章 0~1岁宝宝智能培训与测评

8个月

◎视觉

这个月的宝宝除了睡觉以外，最常出现的行为就是一会儿看看这个物体，一会儿又看看那个物体，对新鲜的事物永远充满着好奇感。

这时期的宝宝只会花费很少的时间来注意自己的妈妈、照顾者或者是亲戚朋友。他们会经常向窗外探望，他们会对窗外玩游戏的小朋友们很感兴趣。

◎听觉

这个月的宝宝对单词和短语非常感兴趣，由于小宝宝现在变得日渐通达人情，所以，你会开始觉得他越来越讨人喜欢。当他首次了解话语的时候，他在这段时间内的行为会顺从。

慢慢地，你叫他的名字他就会做出反应；你要他给你一个飞吻，他会遵照你的要求表演一次飞吻；你叫他不要做某件事情，或把东西拿回去，他都会照着你的吩咐去办。不过，你在这个时候还不能期望你的小宝宝和你说话，因为不足1岁的宝宝大多情况下还不会说话。即使会说话，字数也非常少。

◎心理

这个月的宝宝尤其喜欢在洗澡时嬉水，用小手拍打水面，溅出许多水花。嘴里咿咿呀呀学语好像叫着爸爸、妈妈，脸上经常会显露出幸福的微笑。

年轻的父母第一次听宝宝叫爸爸、妈妈是一个激动人心的时刻。这个月的宝宝不仅常常模仿你对他发出的双音节，而且有50%～70%的宝宝会自动发出"爸爸""妈妈"等音节。开始时他并不知道是什么意思，但见到父母听到自己叫爸爸、妈妈就会很高兴，叫爸爸时爸爸会亲亲他，叫妈妈时妈妈会亲亲他，宝宝就渐渐地从无意识的发音发展到有意识地叫爸爸、妈妈。这标志着宝宝已经步入了学习语音的敏感期。

聪明宝宝这样教

◎大动作能力

宝宝爬行能力的培养

练习用手和膝盖爬行

为了拿到玩具，宝宝很可能会使出全身的劲儿匍匐向前。开始时可能并不是前进，反而后退了。这时，爸爸妈妈要及时地用双手顶住宝宝的双腿，使宝宝得到支持力而往前爬行，这样慢慢地宝宝就学会了用手和膝盖往前爬。

练习独立爬行

妈妈要先整理一块宽敞干净的场地，并收起一切危险物品，四处随意放一些玩具，任宝宝在地上抓玩。但要注意的是，必须让宝宝在妈妈的视线范围内活动，以免宝宝发生意外。

练习用手和脚爬行

等宝宝学会了用手和膝盖爬行后，可以让宝宝趴在床上，用双手抱住宝宝的腰，让他把小屁股抬高，使得两个小膝盖离开床面，小腿蹬直，两条小胳膊支撑着，然后轻轻用力地把宝宝的身体向前后晃动几十秒，最后放下来。每天练习3～4次为宜，这样会大大提高宝宝手臂和腿的支撑力。当支撑力增强后，妈妈用双手抱宝宝腰时可以稍用些力，来促使宝宝往前爬。一段时间后，可根据情况试着松开手，用玩具逗引宝宝独立向前爬，并同时用"快爬！快爬！"等类似的语言鼓励宝宝。

第一章 0～1岁宝宝智能培训与测评

105

8个月

灌球

准备一个小球及一个空罐头盒子，边角要光滑，让宝宝坐在地板上，把罐头盒放在宝宝前边，把小球放在宝宝手中，并让他把手悬于罐头盒上方，然后让他张开手，使小球落入罐头盒中。当听到小球撞击罐头盒时，父母可口中发出"嘡"的声音。重复若干次，宝宝很快就可以自己扔球了，但需要父母帮他把球捡回来。

敲一敲

宝宝十分喜欢拿着某样物品东敲西敲。父母可以给宝宝准备一些旧罐盒、塑料碗、小木板等，让宝宝拿着小木棒敲敲打打。

这样可以锻炼宝宝双手的灵活性，感受敲击不同的物体发出的不同的声响。

◎精细动作能力

训练宝宝拇指、示指的对捏能力。首先是练习捏取小的物品，如小糖果、爆米花等。在训练时，最好爸爸妈妈陪同宝宝一起，以免他将这些小物品塞进口或鼻腔内，引发危险。

◎精细动作能力游戏

打开纸包

准备一些旧报纸或大张餐巾纸，一个小玩具，如无柄的小彩铃。将小彩铃用旧报纸一层层地包裹起来，包3～4层，然后当着宝宝的面将包好的彩铃一层一层剥开，并摇晃彩铃引起宝宝的兴趣，在宝宝的注视下再将彩铃包起来，让宝宝自己将其剥出来，宝宝刚开始可能想通过撕报纸拿出铃铛，妈妈则应该在旁边指引宝宝一层层剥开，慢慢地宝宝就学会用示指将报纸剥开。

经验★之谈

纸张不要太大，妈妈示范的动作要缓慢，让宝宝能看清楚。这个游戏可以训练宝宝示指精细动作能力。

盒子里寻宝

准备些小玩具放在一个抽屉样的硬纸盒里。在宝宝的注视下，妈妈打开盒子拿出一件玩具。妈妈重复演示几次后，将盒子给宝宝，让宝宝试着打开盒子寻找玩具，妈妈先在旁边指导，训练几次后就让宝宝自己打开盒子。在游戏中，妈妈可以教宝宝如何用示指捏盒子，捏玩具，如何握住玩具等精细动作。

经验★之谈

盒子不要太大，而且要容易打开；当宝宝找到玩具时，应及时鼓掌加以激励。

◎语言能力

扩大宝宝交流范围

宝宝在8个月的时候，爸爸妈妈要经常带宝宝外出游玩，到公园和邻居家里都可以。可把变化的环境指给宝宝看，并且，要尽量争取和邻居的宝宝"交流"和做游戏的机会。

随着接触范围的扩大，宝宝听到和感受到的内容也在不断增多，不但创造了宝宝语言能力发展的条件，也对宝宝的交往能力有益。

模仿声音

爸爸妈妈可以教宝宝模仿大人弄舌和咳嗽的声音，还可以训练宝宝发"嗒—嗒"或类似的音。

经过一段时间的练习后，宝宝能明确连接两个或两个以上的辅音，但发音内容无所指。此外，爸爸妈妈还可以鼓励他模仿大人的动作或声音，如点点头表示"谢谢"等。

8个月

◎语言能力游戏

玩线团学动词

准备一个系着长线的小线团。妈妈一只手拉着细线，一只手攥着线团，在宝宝的注视下边说儿歌边做动作：握住、打开、握住、打开、丢起来、捏一捏等；然后将小线团放在宝宝的手里，妈妈拉着细线，边说儿歌边帮宝宝做动作，到"丢起来"时将绳子轻轻一提，将宝宝手心里的球提起来，然后再放回去，宝宝就会开心地去抓捏线团。

经验★之谈

这个游戏可以帮宝宝熟悉有关手的动作词汇，丰富宝宝的语言基础，训练宝宝的语言理解能力和应用能力。

水果世界

准备一些宝宝不经常吃的水果，如柠檬、芒果、草莓等，将这些水果洗干净切成片，放在一个小碟子里面。给宝宝蒙上眼睛，将带有香味的水果端到宝宝鼻子跟前，拿起一块柠檬片，让他闻闻气味，然后告诉宝宝这是柠檬，并让宝宝尝一尝，"宝宝柠檬是什么味道呀？酸，很酸，柠檬是酸的"。以此类推，用类似的方法让宝宝认识其他水果。注意不要给宝宝闻有刺激性气味的东西。

◎情绪与社交能力

宝宝在成长过程中，对环境的适应以及与人的交往，都需要成人恰当的引导，做家长的应设法帮助宝宝在婴幼儿期养成良好的社交习惯，这样，他们将来才能成为一个快乐、积极、助人、合群、谦让、能适应社会的人。下面给父母提供几个培养宝宝社交能力的基本原则：

首先要为宝宝树立良好的榜样。父母待人的态度、为他人设想的习惯以及日常的行为礼节，如说"早安""谢谢""对不起""请"等简单的礼节性话语，是给宝宝最直接、最重要的示范。

其次要给予游戏机会，让宝宝模拟社交行为：在游戏中可以培养宝宝分工合作的态度、勇敢的精神、公平来往的行为，让宝宝学会尊重他人的权利。

再次就是多带宝宝去公共场所，在实践中教宝宝如何待人接物。父母应鼓励宝宝参加各种活动，并在这些活动中教他们一些最简单的社交礼节。不同的公共场合，有不同的社交秩序和规则。父母平常外出办事时，如果不是特别紧急，不妨带上宝宝，让宝宝体验各种社交场所的规则。

◎情绪与社交能力游戏

辨认小专家

爸爸妈妈可以把宝宝喜欢的小玩具或者小零食放在带盖的玩具小盆中，让宝宝自己掀开盖子，当宝宝看到自己喜欢的东西时，会得到一个大大的惊喜。

经验★之谈

这个小游戏可以训练宝宝的思维判断能力，促进宝宝智力和逻辑思维能力的发展。

配合穿衣

这时宝宝已基本能听懂大人说话，并会随儿歌做动作。因此，这时爸爸妈妈在为宝宝穿衣时，可以让宝宝将手伸入袖子内；穿裤子时，爸爸或妈妈展开裤腿，让宝宝将腿伸入裤内，并让宝宝学习自己将裤腰拉好。

经验★之谈

通过训练，让宝宝学习自理，为自己独立穿衣做准备。

神奇的玩具箱

妈妈把玩具箱摆在宝宝面前，箱子里的玩具让宝宝随意地拿进取出，宝宝会很喜欢这样玩，开始的时候可能需要妈妈示范给宝宝看。

当宝宝把箱子里的玩具拿出来时，你可逗引宝宝爬进箱子里，让他坐一坐，扶着站一站。

经验★之谈

这个游戏可以促进宝宝全身肢体的发育，帮助宝宝建立起空间概念，教会宝宝学习自己玩耍。

8个月

宝宝智能开发效果测试

序号	测试项目	选项	得分
1	认识第一个身体部位（手、鼻子、耳朵等）	A.听到声音会伸手去指（12分） B.听到声音有动作表示（挤眼睛、噘嘴巴）（10分） C.只用眼睛看（6分）	10分为合格
2	寻找藏起来的东西	A.能找出盖住大半露出一点的东西（8分） B.能找出露出一半的东西（6分） C.能找出露出大半的东西（4分） D.只用眼睛看，但手不去拿（2分）	8分为合格
3	按吩咐把玩具给爸爸、妈妈、奶奶等	A.3人（15分） B.2人（10分） C.1人（5分） D.不会（0分）	10分为合格
4	用示指抠洞、转盘、按键、深入瓶中取物	A.4种（12分） B.3种（10分） C.2种（8分） D.1种（4分）	10分为合格
5	弄响玩具	A.捏响（8分） B.摇响（5分） C.踢响（3分） D.不响（0分）	5分为合格
6	做动作表示语言"再见""谢谢""您好"	A.3种（10分） B.2种（7分） C.1种（5分） D.不会（0分）	10分为合格

续表

序号	测试项目	选项	得分
7	知道大人的表情	A.高兴、悲伤、生气3种（10分） B.高兴、生气2种（8分） C.1种（2分） D.不会（0分）	10分为合格
8	看到亲人	A.展开双手要人抱（5分） B.大声呼叫（4分） C.手脚乱动着急（3分） D.无表示（0分）	5分为合格
9	排便前	A.出声表示（10分） B.动作表示（8分） C.学会坐盆（2分） D.不表示（0分）	10分为合格
10	学坐或匍行	A.自己扶物站起（10分） B.叫唤让人帮助站起（8分） C.不站起（0分）	10分为合格
11	手腹匍行	A.用手巾吊起宝宝腹部可用手膝爬行（12分） B.手腹向后匍行（10分） C.打转不匍行（4分）	12分为合格
12	俯卧时	A.自己坐起来（10分） B.扶物翻至仰卧再扶物坐起（8分） C.要大人扶住坐起（6分）	10分为合格

测试分析

1、2、3题测认知能力，应得28分；4、5两题测精细动作，应得15分；6题测语言能力，应得10分；7、8题测社交能力，应得15分；9题测自理能力，应得10分；10、11、12题测大肌肉运动，应得32分。总分在110分以上为优秀，90～100分为正常，70分以下为暂时落后。哪一道题若在合格以下，可先复习6～7个月相应的试题或该能力组的全部试题，再学习本月龄组的试题。若哪一题在合格以上，可跨过本阶段的试题，进行下一个阶段能力组练习。

第九节 9个月的宝宝

宝宝智能发育状况

◎视觉记忆能力发育

这个月宝宝的视觉记忆能力发育已比较好了，看到什么东西能够很快地反应过来，能认出经常看见的东西，如父母的长相、自己的照片、父母的衣服、自己的儿童车等。如果有陌生人或不熟悉的亲人碰了宝宝的东西，他会发出反抗性的举动，如咧着嘴巴哭，并用手指着自己的东西，或咿咿呀呀地嘀咕着。宝宝会有选择性地观看自己喜欢的东西了，如抱着宝宝出去玩，他会老盯着玩耍中的小朋友，盯着走动的小猫小狗，或看奔驰的汽车。

◎认知能力发育

这时候的宝宝已经具有初步的认知选择能力了，对周围的东西会进行判断。如果宝宝经常由妈妈带着，他会更喜欢与妈妈年龄差不多的人在一起，如果突然有个老爷爷来抱他，宝宝会哭闹，表现出恐惧和不安。如果是奶奶经常带宝宝，宝宝不仅喜欢让和奶奶一样年龄的老奶奶抱，还喜欢让和妈妈一样的女性抱着，这可能是因为宝宝对妈妈的印象很深。况且宝宝也爱美，他喜欢年纪较轻的人，如果让他亲亲一个年轻的阿姨，劝说诱导一会儿，他会过去亲一个，如亲自己的妈妈一样，但是如果让他亲一个满脸皱纹、皮肤黝黑、长满胡子的老爷爷，无论怎么引诱，他都不肯。

◎动作能力发育

宝宝会用示指抠东西，例如抠桌面、抠墙壁，并且还会抠自己所能碰到的任何东西；宝宝会模仿妈妈拍手，但两只手还不能很好地对拍到一起，也不会像妈妈一样发出响声，在吃饭的时候，宝宝会用两手啪啪地拍凳子；会拿起饭勺送到嘴里，如果掉下去，会低头去找。

◎语言能力发育

宝宝能够理解更多的语言了，尤其是生活中常用的一些命令词语如"不""不要动""过来"等；对于一些和宝宝"切身利益"贴近的词语他也都能听懂了，如"好吃的""糖果""抱一抱""出去玩"等。宝宝对句子的理解能力也很强了，如告诉宝宝："过来妈妈亲一下就给你鸭子"。他会把自己的小脸和身子都伸过来让妈妈亲。如告诉宝宝："给妈妈拿1个苹果来。"他会爬着过去拿苹果，但要费很大的周折。

◎声音能力发育

宝宝对不同的声音有不同的反应，当听到"不"的声音时能暂时停止手中的活动；知道自己的名字，听到妈妈说自己名字时就停止活动，并能连续模仿发声；听到熟悉的声音时，能跟着哼唱，说一个字并表示以动作，如说"不"时摆手，"这、那"时用手指着东西。

宝宝感知能力发育标准

◎动作

这个月的宝宝不仅会独坐，而且能从坐姿过渡到躺下，到扶着床栏杆站立，并能由立位坐下，俯卧时用手和膝趴着挺起身来。会拍手，会用手挑选自己喜欢的玩具玩，但常咬玩具，会独自吃饼干。

◎心理

这个月的宝宝常有怯生感，怕与父母尤其是母亲分开，这是宝宝正常心理的表现，说明宝宝对亲人、熟人与生人能准确、敏锐地分辨清楚。宝宝如见到生人，往往目光盯着他，感到不安和恐惧。为了宝宝的心理健康发展，请不要让陌生人突然靠近宝宝，抱走宝宝；也不要在陌生人面前随便离开宝宝，以免使宝宝不安。

◎语言

这个时期，宝宝开始会说"妈妈""爸爸"之类简单的话。宝宝9个月时，就可以用宝宝语言表达生活中的一些事物。因此，从这时起，应当对宝宝进行充分的语言性刺激。吃饭、散步或换尿布时，都可以跟宝宝说话。

9个月

聪明宝宝这样教

◎大动作能力

初次练习迈步

在宝宝初学迈步时，可以让他先学推车。开始宝宝可能后蹲后退，这时爸爸妈妈可帮助扶车，向前推移，使宝宝双脚向前移步前进。还可以将宝宝放在活动栏内，爸爸妈妈沿着活动栏，手持鲜艳带响的玩具逗引宝宝，让宝宝移动几步。

扶站训练

在宝宝坐稳、会爬后，就开始向直立发展，这时爸爸妈妈可以扶着宝宝腋下让他练习站立，或让他扶着小车栏杆、沙发及床栏杆等站立，同时可以用玩具或小食品吸引宝宝的注意力，延长其站立时间。

完成以上练习的基础上，可让宝宝不扶物独站片刻。此外，也可在宝宝坐的地方放一张椅子，椅子上放一个玩具，妈妈逗引宝宝去拿玩具，鼓励宝宝先爬到椅子旁边，再扶着椅子站起来。大人是宝宝扶站的最好"拐棍"，必要时可站在宝宝旁边，让宝宝抓住你的手站起来。通过扶站练习，可以锻炼宝宝腿部或腰部的肌肉力量，为以后独站、行走打下基础。

◎大动作能力游戏

让宝宝扶着桌子站稳，妈妈站在桌子的对面或者侧面，告诉宝宝："看，妈妈在这里。"等宝宝注意到妈妈时，妈妈躲入桌子下，然后喊道"宝宝，妈妈在哪里？"并诱导宝宝下蹲；然后母子在桌下对视，"妈妈在这里。"妈妈从桌子下出来，站起来，"宝宝，妈妈在哪里？"逗引宝宝也跟着出来。此游戏适合已经学会扶站的宝宝。

经验★之谈

父母引导宝宝扶桌子做弯腰、伸腿等动作，学习控制自己的身体，是为独立站立和走路打好基础。

◎精细动作能力

宝宝到9个月时，精细动作能力已经相当灵巧。能用拇指、示指夹小球或线头，能主动地放下或扔掉手中的物体，而不是被动地松手。

宝宝手部精细动作的发展遵循了从混沌到分化，从无意识到有意识的发展规律，基本形成了从本能的抓握到有意识的满把抓握；拇指和示指以及拇指和示指、中指的协调抓握；抓放可逆到双手协调。

9个月时，宝宝的小手越来越灵活，拇指、示指能捏起小球体；能将积木拿起投入水杯中；能用拇指和卷曲的示指侧面抓起小丸。在抓握时，另一个示指仍松弛地卷曲着而不弯或伸展。

手眼协调能力也有很大变化，能联合行动，无论看到什么都喜欢伸手去拿，能将小物体放到大盒子里去，再倒出来，并反复地放进倒出。宝宝在摆弄物体过程中，逐步提高了对事物的感知能力，如大小、长短、轻重等。

洗洗手

妈妈可以让宝宝坐在厨房或浴室的台子上，让宝宝能够摸到水池和水龙头，学习自己洗手。

在洗手的时候，妈妈要告诉宝宝干净和脏，潮湿和干燥，洗完了和没洗完，有泡沫和无泡沫，肥皂和溅水等一系列与洗手相关的事情。

◎语言能力

有意识地呼唤他人

通常，8个多月的宝宝会发出不少音节，如"爸、嗒、嘎、妈"等，但所有这些音都是宝宝无意识地发出的。到了9个多月，宝宝的语言能力应该进步，所以在这个阶段该教宝宝有意识地称呼人。

当宝宝发出"妈-妈"的音节时，首先赶快重复宝宝的发音，然后立即与实际人物相联系，如指着妈妈说："这是妈妈。"这样经常不断地说，将词与人物反复联系，使宝宝逐渐形成印象，"妈-妈"就是抱自己、亲自己的妈妈。

9个月

语言和音乐训练

培养宝宝的语言能力，爸爸妈妈应注意培养宝宝的观察能力，除引导宝宝观察大人说话时的不同口型，为以后学话打基础之外，还要注意让宝宝观察成人的面部表情，懂得喜、怒、哀、乐等情绪。因此，大人在与宝宝说话时，一定要脸对着宝宝，使他注意到你的面部表情。此外，还要经常给宝宝听优美的音乐和儿童歌曲，让他感受音乐艺术语言，感受音乐的美，用音乐启发宝宝的智力。

模仿发音，理解含义

训练宝宝模仿发音时，除了如"爸爸、妈妈"之类的称呼，也可以训练宝宝说一些简单动词，如"走""坐""站"等，在引导宝宝模仿发音后要诱导宝宝主动地发出单字的辅音。

经验★之谈

在与宝宝的接触中，还要通过语言和示范的动作，教宝宝怎么做，如坐、走、看等，以培养宝宝理解更多的语言。通过这个训练扩大宝宝与周围人的接触和对话的范围，培养他的语言能力。

◎语言能力游戏

儿歌在宝宝成长中不可缺少，而且永不褪色，父母要抽空给宝宝放一些儿歌，或者自己唱更好，在唱儿歌时伴有丰富的表情和动作，促进宝宝的语言学习。

我有一个好朋友

我有一个好朋友啊，它的名字叫小花狗，白天伴我做游戏啊，摇头摆尾紧随我走，陌生地儿它去探路啊，我遇危险它来相救，我有困难它帮助啊，遇到坏人它就出手，我要睡觉它站岗啊，守在我的小床头，小花狗啊小花狗，它是我忠实的好朋友。

◎情绪与社交能力

宝宝的社交能力

宝宝的交往能力，是宝宝以后与人相处不可缺少的能力。

缺乏交往能力的宝宝，往往不敢与同龄的小朋友一起玩耍，一旦到外面，往往显得拘谨胆小，不敢与陌生人交谈，通常会躲在妈妈的身后。

这类害羞怕生的宝宝平时只喜欢与熟悉的人交往，在陌生人面前则显得胆小和犹豫，而且对他人的脸色和言语非常敏感，在人际交往中很容易受到伤害。

教宝宝懂礼貌

妈妈递给宝宝一件他喜欢的玩具，当宝宝伸手拿时，爸爸在一旁说"谢谢"，并点点头或做鞠躬的动作。同时，逗引宝宝模仿爸爸的动作。如果宝宝按要求做了，立即亲亲他，表示祝贺。

在爸爸做离开状时，妈妈一面说"再见"，一面挥动宝宝的小手，教他做"再见"或"爸爸、妈妈再见"。家里来了熟悉的客人，大人拍手表示高兴，说"欢迎"，并扶宝宝双手模仿拍手动作，以后宝宝听说"欢迎"，就会拍手表示。

但教宝宝时，爸爸妈妈不要太着急，等该动作完全熟练稳定后，再考虑教另一种动作。通过这样的训练，培养宝宝的文明习惯，促进宝宝的社交能力与语言理解能力，还可培养宝宝的运动能力。

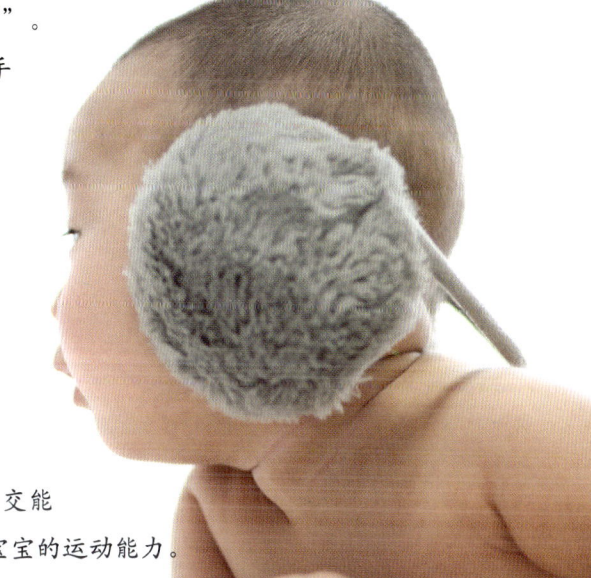

经验★之谈

通常，9个月的宝宝对陌生的成人普遍有怯生、不敢接近的现象，但他们较易接受与自己同龄的陌生小伙伴。

因此，爸爸妈妈应陪宝宝多与小朋友交往，让宝宝积累与同伴交往的经验，同时也可以教宝宝怎样懂礼貌。

9个月

小头顶大头

宝宝坐在床上，妈妈边唱歌边用头轻顶宝宝的小额头，"顶呀顶，顶小牛，我们宝宝是小牛""圆小头，硬硬的，妈妈顶不过"。并让宝宝模仿妈妈念儿歌，然后问宝宝："宝宝好玩吗，宝宝谁是小牛呀？宝宝是小牛哦！"看宝宝有没有同意的信号。宝宝特别喜欢这个游戏，玩两次后他会主动和妈妈来顶头，开心地大叫，妈妈要利用宝宝兴致勃勃的机会多给他灌输些语言信息，如"宝宝的头小又圆，宝宝的头发黑又软"等，刺激宝宝说话的热情，丰富宝宝的语言信息，为以后的语言表达打基础。

◎社交能力游戏

递水果

洗水果后，告诉宝宝："要吃水果了！"宝宝会急切地看着水果，或伸手够取，这时妈妈不要马上递给宝宝水果，而是拿起一个递给爸爸，爸爸说声"谢谢"，然后爸爸拿起一个水果再递给妈妈，妈妈也说声"谢谢"。

这时宝宝可能已经急着要了，妈妈拿起一个水果，让宝宝说了谢谢后给他。过一会儿后，妈妈告诉宝宝："宝宝给妈妈拿个水果好吗？"这时爸爸可指导宝宝取一个水果给妈妈，若宝宝不给，妈妈就自己把水果轻轻拿过来，愉快地说："谢谢宝宝，我们宝宝很乖。"亲宝宝一下作为鼓励。

经验★之谈

父母通过这样的训练让宝宝知道东西给了别人，别人会很高兴，并且有时候这些东西并不会消失。

过家家

给宝宝准备一个布娃娃及布娃娃的衣服、小手帕等玩过家家游戏时常用的东西。妈妈和宝宝坐在床上或地板上，将这些东西拿出来，告诉宝宝："今天布娃娃要出去玩了，宝宝要给布娃娃穿衣服哦！"然后帮宝宝给布娃娃穿好衣服，给布娃娃裹上小手帕，"布娃娃怕冷，宝宝要给布娃娃裹起来哦！"等将布娃娃打扮好了后，放到宝宝的怀里，教宝宝用双手搂抱着布娃娃，告诉宝宝："布娃娃怕猫咪，宝宝要关心布娃娃。"

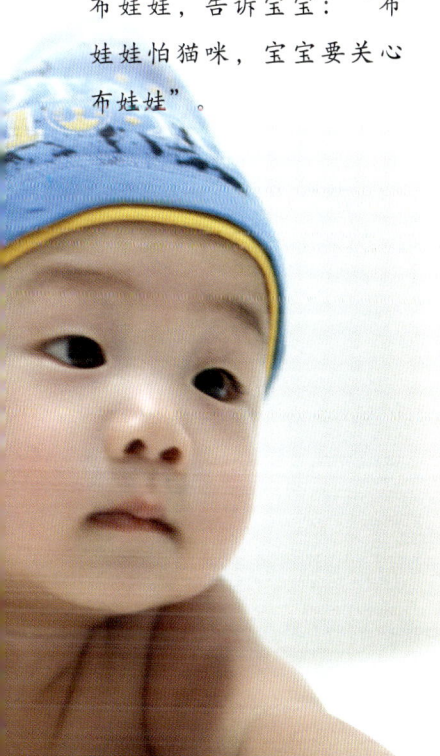

杯子游戏

每次在宝宝喝水的时候，让宝宝坐在一个高椅子上，或者坐在桌边，在他面前放一个小托盘。托盘里放一个小杯子，杯子里少倒一点儿温开水。

妈妈先举起杯子做出假喝水的动作，同时说一些像"啊呜、啊呜"或"好喝、好喝"之类的话，然后把杯子举到宝宝的嘴边，当宝宝喝的时候也说同样的话，最后把杯子放在托盘上，看看宝宝是否会将杯子举到嘴边自己喝。

经验★之谈

妈妈最好准备塑料杯子或纸杯子，以免宝宝将杯子摔坏，给宝宝穿好防水围嘴儿，别让水撒到宝宝的脖子里。这可以促进宝宝模仿的欲望，让宝宝在快乐的模仿过程中学会自己喝水，并提高宝宝与人学习交往的能力。

揉揉摸摸

在晚上睡觉前，给宝宝脱去衣服，父母可以每人拉着宝宝一只小腿，从脚到大腿轻轻地揉搓、捏按，同时哼着儿歌，如"左腿揉揉，右腿揉揉，捏捏左脚，捏捏右脚"等。父母同时进行，还可以摸摸宝宝的膝盖，逗宝宝发笑；腿部按摩完毕后再拉着宝宝的小胳膊按摩，揉揉宝宝的小胳膊，摸摸宝宝的小手，在宝宝的手心、腋下用示指轻轻地搔痒，逗宝宝开心。父母动作要轻，能让宝宝感觉到舒服开心，使宝宝更加依恋、信任父母，加深父母和宝宝之间的感情，增加宝宝对父母的喜爱和信任。

9个月

宝宝智能开发效果测试

序号	测试项目	选项	得分
1	按大人吩咐拿玩具	A.5种（15分） B.4种（12分） C.3种（9分） D.2种（6分）	12分为合格
2	认识身体部位	A.3处（12分） B.2处（8分） C.1处（4分） D.不会（0分）	8分为合格
3	揭纸盖取玩具	A.揭开再盖上玩（7分） B.揭开取到玩具（5分） C.找不着（0分）	5分为合格
4	用示指按电视、录音机、电灯、收音机等电器的开关	A.5种（14分） B.4种（12分） C.3种（10分） D.2种（8分） E.1种（4分）	10分为合格
5	称呼	A.见到父母能正确称呼（15分） B.叫父母中一人（10分） C.无人时乱叫（5分）	10分为合格
6	用姿势表示：再见、谢谢、鼓掌、亲亲、虫虫飞、蝴蝶飞及其他动作	A.5种（15分） B.4种（12分） C.3种（9分） D.2种（6分） E.1种（3分）	12分为合格

续表

序号	测试项目	选项	得分
7	会给娃娃服务	A.盖被（5分） B.拍他睡觉（3分） C.抱娃娃哄他别哭（2分） D.不喜欢他，扔掉或摔他（1分）	5分为合格
8	懂得害羞	A.当别人谈到自己时藏到妈妈身后（8分） B.躲到妈妈怀中（5分） C.不理会别人谈话（0分）	8分为合格
9	会拿勺子	A.凹面向上盛到食物（10分） B.凸面向上盛不到食物（5分） C.拿勺子乱搅不盛食物（2分）	10分为合格
10	大人帮助穿衣服时	A.会伸手和头配合（10分） B.会伸手（5分） C.不配合（0分）	10分为合格
11	学爬	A.手膝爬行（10分） B.手腹膝匍行（5分） C.俯卧打转（3分） D.俯卧不动（0分）	10分为合格
12	扶物站立	A.横行跨步（10分） B.扶站不稳（5分） C.不能从爬行扶起站立（2分）	10分为合格

测试分析

1、2题测认知能力，应得20分；3、4题测精细动作，应得15分；5、6题测语言能力，应得22分；7、8题测社交能力，应得13分；9、10题测自理能力，应得20分；11、12题测大肌肉运动，应得20分。总分在110分以上为优秀，90～100分为正常范围，70分以下为暂时落后。哪一道题若在合格以下，可先复习7～8个月相应的试题或该能力组的全部试题，再学习本月龄组的试题。若哪一题在合格以上，可跨过本阶段的试题，进行下个阶段能力组练习。

第十节 10个月的宝宝

宝宝智能发育状况

◎运动能力发育

这个月宝宝的运动能力有了质的飞跃，宝宝不仅能够独自挪动着步子前进了，还会从坐立自然转变成了站立，爬行速度也更敏捷快速了，几乎能够毫不费力气地翻越过父母给他设置的被子和枕头的障碍，还能够攀爬低矮的家具了，如把他放在一个齐胸的矮桌子旁边，他会费尽力气想爬上去。

◎精细动作能力发育

宝宝手指的灵活性更高了，已经能够用拇指和示指捏起如小别针之类的细小物品，而且两手协调使用能力更好，能够自如地将东西从一只手里传送到另一只手里，还会自然地拿着两个玩具互相敲打，会将两个拇指准确地对在一起。宝宝可以不用人陪着，自己玩一会儿了。

◎自我认知能力发育

这个月的宝宝在照镜子的时候已经能意识到自己的存在了，会对着镜子里的自己发笑。眼睛具有了观察物体不同形状和结构的能力。宝宝很喜欢看画册上的人物和动物，能够通过图画认识很多物体而且还会察言观色，尤其是对父母和看护人的表情，有比较准确的把握能力。父母可以利用宝宝的这个能力，教育宝宝什么该做，什么不该做。但这时不要给宝宝讲大道理，通过具体形象的行为和表情等影响对他比较有效。

◎心理能力发育

此时的宝宝在心理上也比较成熟了，他已经知道怎么让父母妥协了，如看到什么都想要，如果父母不给就用哭声来反抗或用不吃饭来抗拒，因此从这时候开始要培养宝宝的良好习惯和性格，不能什么事情都满足他，以免养成娇纵的性格。

◎平衡能力发育

需要注意的是，宝宝站在父母的腿上，会用脚尖站着，父母也许会怀疑，宝宝用脚尖站着是不是异常。这个月的宝宝，对于站着的危险性有了认识，父母的腿上不但不平，还软软的，很不稳当，因此宝宝就会用脚尖抠着站着，防止摔倒，这是很正常的现象。还有宝宝站立的时间不宜过长，1天可以站2～3次，每次3～5分钟就可以了。

经验★之谈

此时一定要把有可能对宝宝造成伤害的物品放到安全地方，如容易吞咽的小物品、一些洗涤剂、消毒剂等腐蚀性物品，妈妈的化妆品、药物及带刃的锋利物品等等，都需要放在宝宝的活动范围外。如果发现宝宝触摸电插板等危险东西时要严肃地说"不能动"，并制止他碰触。

宝宝感知能力发育标准

◎语言

此时的宝宝能模仿发出双音节如"爸爸""妈妈"等。女宝宝比男宝宝说话早些。学说话的能力强弱并不表示宝宝的智力高低，只要宝宝能理解大人说话的意思，就说明他很正常。

◎动作

这个月宝宝能够坐得很稳，能由卧位坐起而后再躺下，能够灵活地向前、后爬行，爬得非常快，能扶着床栏站着并沿床栏行走。这一段时间宝宝的动作发育很快，有的宝宝从会站到会走只需1个多月的时间，有的学爬只是很短的时间，宝宝就不喜欢爬了，他要站起来扶着走。这段时间的运动能力，宝宝的个体差异很大，有的宝宝稍慢些。因此，父母不要把自己的宝宝与别人的宝宝作比较。这个月的宝宝会抱娃娃、拍娃娃，模仿能力也明显加强。双手会灵活地敲积木，会把一块积木搭在另一块积木上，会用瓶盖去盖瓶子。

123

10个月

◎心理

这个月的宝宝知道自己叫什么名字,别人叫他名字时他会答应,如果他想拿某种东西,家长严厉地说:"不能动!"他会立即缩回手来,停止行动。这表明,这个月的宝宝已经开始懂得简单的语意了。此时大人和他说再见,他也会向你摆摆手;给他不喜欢的东西,他会摇摇头;当宝宝玩得高兴时,他会咯咯地笑,并且会手舞足蹈,表现得非常欢快、活泼。

这个月龄的宝宝一旦想要什么,就非要得到不可,他很喜欢看各种东西,好奇心强烈。他更喜欢大人抱他,因为抱着他到处走,可以看到很多新东西。这个月的宝宝在心理要求上丰富了许多,喜欢翻转起身,并且自己能爬行走动,当宝宝扶着床边栏杆时会站得很稳。喜欢和小朋友或大人做一些合作性的游戏,喜欢照镜子观察自己,喜欢观察物体的不同形态和构造。

经验★之谈

宝宝喜欢父母对他的语言及动作技能给予表扬和称赞。喜欢用拍手欢迎、招手再见的方式与周围人交往。这个月的宝宝喜欢别人称赞他,这是因为他的语言行为和情绪都有进步,他能听懂你经常说的表扬类的词句,因而做出得意等相应的反应。

聪明宝宝这样教

◎大动作能力

训练宝宝站立时,要由易到难逐渐进行。刚开始时,爸爸妈妈可用双手支撑在宝宝的腋下,让其练习站立。在比较稳定后,可让宝宝扶着床栏站立。慢慢地宝宝就能很稳地扶栏而立,并能自如地站起坐下或坐下站起。在宝宝刚开始学站时,爸爸妈妈应注意给予保护,同时要注意检查床栏,防止发生摔伤、坠床等意外事故。这时候,爸爸妈妈可以在宝宝前方放一玩具逗引他,让他学会迈步,从而移动身体。当宝宝具备了独站、扶走的能力后,就离会走不远了。

◎大动作游戏

我们要走路了

在客厅里腾出一块空地方,告诉宝宝:"我们要走路了!"然后妈妈和宝宝面对面,将宝宝的两只脚底分别放在妈妈的两只脚背上,妈妈两手抓着宝宝的肩膀,向后移动步子,告诉宝宝:"宝宝走路呢,宝宝加油!"让宝宝体验"走"的感觉,引导宝宝的脚与妈妈同步用力,妈妈速度要缓慢,步子要很小。妈妈还可以扶着宝宝的双臂,适当地用手向前牵拉着宝宝,让宝宝自己在地板上迈步前行,最好让宝宝光着脚,如果是冬天怕冷的话,可以穿上袜子。这个游戏可以锻炼宝宝脚部肌肉,为学习行走做准备。此时的宝宝能够独自站立片刻,如果运动发育比较好的话,还会扶着东西挪动脚步或独站,有的宝宝甚至不需要扶东西,有的宝宝在这段时间已经学会一手扶物蹲下拉东西。父母要不失良机地训练。

宝宝过来拿玩具

在客厅或卧室里腾出一个比较宽敞明亮的空间,将屋子里带有棱角的家具移开,布置一个或几个软沙发,或者低沿床等家具,给宝宝创造一个能扶物自由走动的安全环境,保证宝宝摔倒了也是安全的,不会受伤。

如果地板凉可给宝宝穿上袜子,让他扶着沙发站稳,妈妈拿着小青蛙玩具在沙发的另一头吸引宝宝:"小青蛙,呱呱呱,宝宝来拿呀!"宝宝会扶着沙发慢慢走过去,这时妈妈要将青蛙给宝宝,并夸奖宝宝:"哇,我们宝宝会走路了,真了不起呀,这个小青蛙是给你的。"还可以让宝宝扶着床沿或墙壁,做同样的游戏。一天训练3~4次,每次时间不要太长,以免疲劳。

经验★之谈

父母要在旁边保护着宝宝,但不要过分地害怕宝宝摔倒,只要保证宝宝没有危险就可以了。宝宝摔倒了就鼓励他自己爬起来,在摔倒与爬起来的过程中,宝宝会学会保持身体平衡。

10个月

◎精细动作能力

10个月的宝宝，精细动作有了一定程度的发展，宝宝的五指已能分工、配合，并能够根据物体的外形特征较为灵活地运用自己的双手。这时期宝宝手部的精细动作已很协调，如果将一片薯片放在桌上，宝宝想要，就会坚持伸手去抓，一次、两次即能抓到。

这时，拇指和示指的动作能较好地协调。宝宝动作的发展，特别是手部动作的发展是智力发展的外部标志，他们的敲、丢、扔、捡、碰、推和拉都在学习中，在为将来的创造性活动积累经验、奠定基础。

◎精细动作游戏

小巧手，找豆豆

妈妈把几种豆混在一起装在一个碗里，让宝宝找出不同的豆子，看宝宝能否又快又准地找到豆子！

也可以顺便教宝宝认识一下各种不同的豆子的颜色。提高宝宝对事物的区分能力，锻炼眼力和注意力。

钩取小物品

找一块不用的旧布和一小块棉花，将棉花包在布块里面，在布块上挖一个小洞，能让宝宝的拇指自由伸进去为宜。

在宝宝的注视下，妈妈先用小指头伸进小洞钩出一点棉花，用夸张的语气告诉宝宝："哇，钩出来了，多好玩呀！"然后鼓励宝宝用示指深入洞内勾取棉花，宝宝会很好奇地在小洞里面探索，当他勾出棉花时要及时给予鼓励和夸奖。如果家里有旧棉衣，也可让宝宝用示指从破口伸进去勾出一些棉花。还可以让宝宝在有破洞的塑料袋里钩取豆子、细绳子等小物品。

经验★之谈

经常让宝宝在小洞里面钩取小物品，可以充分锻炼示指的灵活性。

◎语言能力

宝宝语言能力发育

10个月的宝宝，在语言上会模仿爸爸妈妈发1~2个字音。如"爸爸、妈妈、拿、走"等。

宝宝在这个时期的语言能力特点是能有意识地并正确地发出相应的字音，以表示一个动作，如"拿"；一个人，如"姨"；或一件物，如"狗"等。此外，开始出现说一些难懂的话。能说一句由2~3个字组成的话，但说得含糊不清；当妈妈说"欢迎""再见"或"躲猫猫"时，宝宝会以动作表演两个以上。

学习用品及动作语言

在日常生活中，爸爸妈妈还要通过学习和训练宝宝懂得"给我""拿来""放下""开开"和"关上"的含义，并要懂得什么是"苹果""饼干""衣服"等食品和用品的意思。

◎语言能力游戏

练习说"再见"

爸爸妈妈把宝宝抱在自己的膝盖上和另一个人说一会儿话之后，爸爸妈妈一边往外走，一边说"再见"。这时要走的人不但要让宝宝摆手和爸爸妈妈说"再见"，而且自己也要说"再见"，让宝宝也模仿说"再见"。这类礼貌用语在日常生活中要让宝宝反复训练。

宝宝学"演戏"

父母将纱巾挂在床中间做"帷帐"，构造成个小戏台，爸爸和宝宝在前面观看，妈妈手拿着一个布娃娃从"帷帐"后面伸出来，说着台词"我是小小布娃娃，我快1岁了"等，并摇着布娃娃跳来跳去；爸爸指导宝宝与妈妈的布娃娃"对话"，如"我的名字是某某（宝宝的名字），我10个月大了，布娃娃你好吗？"等。父母要及时鼓励夸奖宝宝，让他随意和布娃娃"说话"。根据宝宝的反应可以灵活改变游戏内容，让宝宝充分体会演戏的快乐。

宝宝可能只是咿咿呀呀地答应，妈妈一定要应和着宝宝，不能急于求成，妈妈说台词时一定要慢，有助于和宝宝互动。

经常给宝宝提供表演的机会，让宝宝在快乐的氛围中学习语言，可促进宝宝语言表达能力的发展。

10个月

◎情绪与社交能力

模仿大人

训练宝宝模仿大人的风格进行交流，如见到邻居和亲友，爸爸拍手给宝宝看，妈妈把着宝宝的双手拍，边拍边说"欢迎"。可以反复练习，然后逐渐放手，让宝宝自己鼓掌欢迎邻居和亲友。训练宝宝与人交往能力。

培养独立能力

此时，爸爸妈妈应该开始训练宝宝一些基本的生活技能了，培养他的独立性。首先，要使宝宝养成独自玩耍的习惯，在确定宝宝所处的环境是安全的以后，鼓励宝宝一个人独自玩耍，但要时时查看宝宝的情况。

其次，鼓励宝宝自己独立去做一些事，在宝宝完成一个新的动作和新的技能时，要给予充分的肯定。

个性的成形

到这月龄，宝宝往往会故意把玩具扔掉、把报纸撕破，或者把抽屉里的东西都扔出来，每做完一样就高兴一阵子。这时，爸爸妈妈就要注意对宝宝的个性及情绪进行合理的调教。比如说宝宝喜欢将鞋柜门拉开，并将里面的鞋子一只只拿出来，直到全部拿出来为止。但若你不让他做或让他做自己不想做的，马上就哇哇乱叫、大哭大闹，甚至打起滚来，这就是不良个性的雏形。

经验★之谈

要防止宝宝发生意外。当宝宝想把示指往插座里伸，或乱动燃气开关等有危险的事情时，爸爸妈妈就要反复教育，使宝宝明白这些是不能乱动的，慢慢地宝宝就不会乱来了，其个性与情绪也会朝良好的方向发展。

◎情绪社交能力游戏

沙滩游戏

让宝宝和其他小朋友一起堆沙子、灌水，一起堆砌不同形状的沙堆，或将小脚丫伸进浅水处拍打浪花等，让他们尽情地打闹嬉戏，不要因为怕弄脏衣服而限制宝宝，也不要怕小朋友会互相打闹而紧紧地看着他们，或不让他们一起玩。

在游戏过程中，父母应不断教自己的宝宝如何与别的小朋友合作。如堆砌沙堆的时候，让大家一起"搬运"沙子，不能和小朋友抢东西，也不能搞破坏等。天气炙热时需要带一把太阳伞，以免晒伤宝宝。注意不要让宝宝将沙子揉进嘴和眼睛里。

攀越小山峰

妈妈接着宝宝顺着柔软的垫子平躺下来，让宝宝从一侧爬越妈妈身体的另一侧，然后妈妈再侧躺着，增加"山"的高度和爬的难度，再让宝宝爬过去。爸爸要在一边保护宝宝，并为宝宝加油。锻炼宝宝的爬行能力，以促进宝宝的四肢协调能力和锻炼宝宝身体的平衡能力。

照顾娃娃

当宝宝学会拿勺子和手帕时，爸爸妈妈可以给宝宝一条可当被子的手帕和小碗、小勺让他照顾娃娃，告诉他"娃娃困了，要睡觉"，看看宝宝能否为娃娃盖被子。过一会儿，再给宝宝小碗、小勺说"娃娃该起床吃饭了"，让宝宝用小勺喂娃娃吃饭。训练宝宝模仿妈妈照照娃娃，让宝宝学会关心别人。

10个月

宝宝智能开发效果测试

序号	测试项目	选项	得分
1	认识新的身体部位	A.认识大拇指和小拇指（或者两处新部位）（10分） B.认识大拇指（或者一个新的部位）（5分） C.认识手指，如示指（或另一个新的身体部位）（5分） D.不认识新部位（0分）	10分为合格
2	拉绳取物	A.拉绳取环或取到玩具（10分） B.直接去够取环或玩具（5分） C.无目的地乱抓（2分）	5分为合格
3	捏取葡萄干或爆米花	A.示指及拇指捏取（10分） B.大把抓（5分） C.用手掌拨弄（3分） D.不理会不抓取（0分）	10分为合格
4	1分钟之内把小球放入瓶中	A.4个（12分） B.3个（9分） C.2个（6分） D.1个（3分）	9分为合格
5	有意识地称呼亲人	A.父母（10分） B.父母中的任何一人（5分） C.无人时乱叫（2分）	10分为合格
6	用姿势表示语言，如再见、谢谢、您好、握手、鼓掌、碰头、亲亲、虫虫飞、挤眼睛、咂嘴等	A.7种（15分） B.5种（12分） C.3种（9分） D.2种（6分） E.1种（3分）	12分为合格

续表

序号	测试项目	选项	得分
7	喜欢小朋友，同人打招呼：招手、点头、笑、摇身体、跺脚、尖叫等	A.3种（9分） B.2种（6分） C.1种（3分） D.不理（0分）	9分为合格
8	捧杯喝水	A.不用大人扶略有洒漏（9分） B.要大人扶（5分） C.不会用杯（0分）	9分为合格
9	穿衣	A.自己会把胳臂伸入双侧的袖内（6分） B.自己会伸入一侧（4分） C.大人拿胳臂放入袖内（2分）	6分为合格
10	爬行	A.手足快爬（10分） B.手膝慢爬（8分） C.腹部靠床匍行（6分） D.俯卧打转（3分）	10分为合格
11	扶站时	A.能蹲下捡物（10分） B.蹲下但捡不着（8分） C.不敢蹲下（3分）	10分为合格
12	学走	A.一手牵着走（12分） B.双手牵着走（10分） C.学步车内走（8分） D.扶物横跨（6分）	10分为合格

测试分析

1、2题测认知能力，应得15分；3、4题测精细动作，应得14分；5、6题测语言能力，应得22分；7、8题测社交能力，应得18分；9、10题测自理能力，应得16分；11、12题测大肌肉运动，应得20分。总分在110分以上为优秀，90~100分为正常范围，70分以下为暂时落后。哪一道题若在合格以下，可先复习8~9个月相应的试题或该能力组的全部试题，再学习本月龄组的试题。若哪一题在合格以上，可跨过本阶段的试题，进行下个阶段能力组练习。

第十一节 11个月的宝宝

宝宝智能发育状况

◎认知能力发育

这个月宝宝见到陌生人的时候不再咧开嘴巴哭了，虽然不主动伸手要别人抱，但也不拒绝别人抱他；如果陌生人对他笑，他总是笑脸相迎。这个月的宝宝对与人交往发生了兴趣，这种兴趣使宝宝淡化了对陌生人的恐惧感和不安全感。这反映出宝宝与家人之间已经建立了一种安全的、互相依赖的信任感，只要有家人在场，他知道自己是安全的。但如果没有熟悉的人在场，宝宝依然会对陌生人和环境产生恐惧和焦虑。

◎分辨能力发育

这时期的宝宝对性别有很好的分辨能力了。如果平时在家是爸爸和宝宝在一起的时间多，而且宝宝和爸爸相处的时候很愉快，那么宝宝会喜欢与男性交往，喜欢让男性抱着自己；如果宝宝平时和妈妈最亲，而且与妈妈在一起时体验到的安全感和愉快情绪多，那宝宝就喜欢让女性抱着自己，喜欢与女性交往。因此这时候父母要尽量都和宝宝多在一起玩，多给宝宝创造一些愉快的情绪和记忆，让宝宝在快乐中健康成长。

◎ **性格能力发育**

宝宝快满1岁了，这时候已经能够看出宝宝的性格了。如果是个活泼的宝宝，会一天到晚不停地动来动去，叽叽喳喳地看到什么都要指着"说"两句，喜欢和人一起玩，经常咯咯大笑；如果是个性比较内向、喜欢安静的宝宝，大多数时间会自己玩自己的，不喜欢别人打扰他，尤其是对不怎么熟悉的人，宝宝更不爱接近，喜欢一个人在屋子里走来走去，这儿摸摸那儿看看，独自探索。这种宝宝虽然沉默不爱说话，不爱与人交往，但是对什么都想了解，长大后很可能是个性沉稳、爱思考探索的聪明孩子，思维很敏捷、睿智；但有的宝宝既不爱说话，不爱与人交往，也不爱动，表现得很懒散，除了爱吃之外对别的东西都不怎么上心，没有一点好奇心，这时候父母就要注意了。平时父母可多给宝宝找些有趣的东西，激发宝宝的好奇心，多夸奖、多鼓励，让他对周围的事物充满好奇，多探索、多说话。

◎ **运动能力发育**

随着肢体运动能力和协调能力逐渐发育成熟，宝宝可以更好地对周围进行一番探索了。他非常喜欢能够移动的、可以拆卸成小块的东西，如转动的轮子、可以移动的杠杆等等；宝宝喜欢将手指伸进所有他能够看到的小孔里面，想探索一下里面有什么东西，还喜欢将小物品扔进容器口里；宝宝喜欢将门推开又合上，来来回回地推着玩，喜欢将手指塞进门缝里面试一试，要注意，如果宝宝在门旁边玩的时候千万别开门或关门。

11个月

宝宝感知能力发育标准

◎动作

这个月的宝宝能够稳稳地坐较长的时间，能自由地爬到想去的地方，能扶着东西站得很稳。拇指和示指能协调地拿起小的东西。会做招手、摆手等动作。

◎语言

这个月的宝宝能模仿大人说话，说一些简单的词。已经能够理解常用词语的意思，并会一些表示词义的动作。宝宝喜欢和成人交往，并模仿成人的举动。当他不愉快时会表现出不满意的表情。父母把宝宝抱坐在膝盖上或让宝宝躺在小床上，用眼睛注视着宝宝，给宝宝念儿歌，也可以做一些动作，激发宝宝的快乐情绪。

◎认知

宝宝认知能力发展较快，11月时，宝宝可以模仿大人的面部表情和说话声音，自言自语地说些别人听不懂的话。宝宝现在已经会听名称指物，当被问到宝宝熟悉的东西或画片时，会用小手去指，父母给予鼓励时更能激发宝宝学习兴趣；还会试着学小狗或小猫叫声，现在宝宝开始把事物特征和事物本身（如狗叫声与狗）联系起来，对书画兴趣也越来越浓厚。

◎心理

这个月的宝宝在身体生长速度上比以前慢一点，因此食欲也会稍有下降，这是正常生理过程，不必担心。吃饭时千万不要强喂硬塞，如硬让宝宝吃会造成逆反心理，导致厌食。

这个阶段，是最喜欢模仿讲话的时期，所以父母应抓住这一时期，多进行语言教育。父母此时要对宝宝多说话，内容是与他生活密切相关的短语。如周围的人、食物、玩具名称和日常生活动作等用语。注意不要教宝宝儿语，要用正规的语言教他，当宝宝用手势指点要东西时，尽量教他发音，可用语言代替手势。

在学习语言的过程中，要让宝宝保持愉快的心情。因为心理健康的宝宝学习能力较强。

聪明宝宝这样教

◎大动作能力

扶持迈步

妈妈离开宝宝一段距离，用玩具吸引宝宝进行迈步。这时，宝宝常会用手抓牢家具的边缘，扶着墙壁或推着小椅子，或是让其他人拉着一只手，一点一点地向前挪动。

独自行走

慢慢地，爸爸妈妈会发现，当宝宝确定没有危险时，就会大胆地把身体的重量都放在双脚上，开始摆脱一切束缚，迈出他在这个世界上完全属于自己的第一步。

◎大动作能力游戏

小足球运动员

在客厅里腾出一块空地方，让宝宝扶着沙发站好，如果宝宝已经能很好地独自走路最好不要让他扶物。爸爸在距离宝宝的脚3～5厘米处放个球，告诉宝宝："宝宝，踢球！"然后做出踢球的动作，宝宝会模仿着爸爸伸脚去踢球，这时妈妈在后面保护着宝宝，以防宝宝用力踢球时身体失去平衡而摔倒，但不要用手扶着宝宝。当踢到球时父母要开心地夸奖宝宝："球动了，我们宝宝真厉害！"

推小车

为宝宝准备一辆小推车，或用木条和小轮轴制作一个小推车，如果找不到适合宝宝推的小车，也可以用比较重的椅子代替。这个月龄的宝宝已经可以独自蹒跚几步，或者扶着东西顺利走动，父母可让宝宝在宽敞平坦的地板上推着小推车行走，或推着椅子行走。父母除了在旁边保护宝宝，更要鼓励他，"宝宝，加油，宝宝推动了！"每当宝宝推动一点距离时就说："好！宝宝加油。"

第一章 0~1岁宝宝智能培训与测评

135

11个月

◎精细动作能力

宝宝精细动作能力

宝宝到了这个月龄阶段，手部动作程度已经发展到了拇指和示指的指端了，能用拇指和示指捏取小物体，具备了这个功能的时候，宝宝的手就变得更加灵巧自如了。

这时的宝宝能把手中的积木放在桌上或杯中。这不是无意识地将积木掉落到杯中，但动作还不是很灵巧；这时当宝宝的示指接近绳时，需要两三次可将其拿起，动作比较协调。此外，宝宝还能有意识地打开积木的包装纸，寻找积木块，并将积木拿到手。

这时宝宝往往会捏取一些小物体后，还会用手去抠小物体、拿杯子、搭积木、翻书等。

因此，这时爸爸妈妈应加强对宝宝手部能力的训练。但爸爸妈妈还要注意宝宝的安全，不要把危险物品放在宝宝手能够到的地方，如药丸、电源插座、开关按钮等，以防不测。

小物体抓握

宝宝在摆弄东西时，他能体验到物体的软硬、轻重、深浅、大小及形状，他会发现物体与物体之间有简单的联系，因此爸爸妈妈要尽可能地为宝宝提供他感兴趣的东西，凡是那些没有危险性的事物，都可以让宝宝尽情地摆弄。

训练手部的运动，不仅能锻炼宝宝手的灵巧性，还对他的智力发育有很大的好处。

因此，爸爸妈妈要经常给宝宝提供玩具和物品让他抓握、摆弄，还要训练他捏取细小的物体，如让他捏取小块饼干、花生米、米粒等。

经验★之谈

在训练时，只要父母给予适当的帮助与保护，就会避免意外情况的发生。

◎精细动作能力游戏

向瓶中投物

当宝宝学会用拇指、示指捏取细小的物体后，爸爸妈妈可以让宝宝模仿大人用拇指和示指捏细小的糖丸投入广口瓶中。当宝宝开始学时，爸爸妈妈要教宝宝将小糖丸捏稳再放入瓶中。这个月龄的宝宝学会了捏取，但放入时往往会掉在外面，经过多次练习，才能放入。也可以通过做游戏的方式让宝宝多加训练，比如可以让宝宝放一个，妈妈放一个，然后妈妈渐渐做得快些，让宝宝也渐渐学会快取快放。

经验★之谈

通过向瓶中投物的训练，不但可以锻炼宝宝示指的灵巧性，促进宝宝手部精细动作的发展，还可以提高宝宝手和眼的协调能力。

捏小疙瘩

妈妈把宝宝抱到膝盖上，让宝宝正对着自己，妈妈握着宝宝的手，帮助她捏成拳头，并说"捏疙瘩，看宝宝能捏几下"。几次后妈妈松手，让宝宝自己捏，并且捏一下，妈妈就说"捏疙瘩咯！"然后帮宝宝打开指头，或引导宝宝自己打开示指。锻炼宝宝示指的灵活性，以及宝宝接受语言信息后与身体协调的能力。

飞起来又落下

妈妈和宝宝一起站在地板上，先尝试着把丝巾扔到空中，当它缓缓落下的时候，妈妈举起胳膊去抓它，然后再扔出去，这一次让宝宝去抓它。妈妈还可以引导宝宝张开双臂，让丝巾落在宝宝的怀里。然后再继续用准备好的其他游戏道具重复玩。可以锻炼宝宝的反应能力，促进宝宝视觉和上半身的肢体动作协调感。

◎语言能力

培养宝宝语言的优雅要从这时开始。这个时期宝宝的模仿能力很强，听见骂人的话也会模仿，由于这时宝宝的头脑中还没有是非观念，他并不知道这样做是否正确。

因此，当宝宝第一次骂人时，爸爸妈妈就必须严肃地制止和纠正，让宝宝知道骂人是错误的。千万不要因为宝宝可爱，认为说出骂人的话也很有趣，就纵容他。这样，宝宝会把骂人的事当作好玩的事来做，养成坏习惯。

11个月

奖励宝宝多说话

作为爸爸妈妈,你一直等待的幸福时刻就要到来——宝宝终于能主动叫"爸爸、妈妈"了。

但是,要想宝宝早说话,爸爸妈妈就必须下功夫对宝宝说话,要尽可能地同他说简短的话,并要结合宝宝认识的亲人、身体部分、食物、玩具以及配合日常生活中的动作教给宝宝。

当宝宝指着他想要的东西向爸爸或妈妈伸手时,这时就要鼓励宝宝指着东西并发出声音来,教他把打手势与发音结合,到最后用词代替手势,这样再把宝宝想要的东西递给他。

经过多次努力的训练,宝宝掌握的词汇就会越来越多,语言能力也就会越来越强。在培养宝宝语言能力的时候,还要让宝宝学会回答。平时爸爸妈妈叫宝宝的名字时,宝宝会转头去看看是谁在叫自己,这时爸爸妈妈要帮助宝宝回答:"哎。"有时宝宝看到大人之间互相呼唤时也会回答"哎",所以宝宝也学会用"哎"作答。若爸爸妈妈能经常叫宝宝的名字,让他多次作答,那么以后每当有人叫他的名字,他都会出声作答。

◎语言能力游戏

看图识图

给宝宝讲解故事书时,父母要一边讲,一边把书上的图画指给他看,并且告诉宝宝图中的人物在干什么。慢慢地让他自己指着图说,例如:"奶奶在抱娃娃""阿姨在洗衣服""叔叔在开汽车"等。先鼓励他指着熟悉的图书说,慢慢地鼓励他指着陌生的图书说出来,并及时给予赞扬。

爱打电话的宝宝

准备一个玩具电话,或直接用家里的电话机。妈妈拿着电话在宝宝跟前演示:"喂,奶奶,您好,宝宝想你了。"然后将电话放在宝宝的耳朵边,教宝宝跟奶奶说话,妈妈说一句让宝宝模仿一句。妈妈尽可能说一些简单常用的语句。还可以在爷爷奶奶等亲人打来电话时让宝宝来尝试交流,并教宝宝"问候"爷爷奶奶等亲人。

宝宝学"购物"

带着宝宝去超市，在那儿宝宝经常会看到一些新奇的、从来没有见过的东西。这些五颜六色的物品会让宝宝眼花缭乱，刺激宝宝的好奇心。

这时父母可挑宝宝感兴趣的东西给他逐个介绍，绿色的军用玩具车、又大又圆的篮球、儿童汽车等让宝宝大开眼界，丰富宝宝的语言词汇，提高宝宝的语言表达能力。不要去人太多、太嘈杂的超市。如果不方便带宝宝出去的话可以在网上搜索一些图片和宝宝一起欣赏，但要控制观看时间和宝宝的眼睛与电脑屏幕之间的距离。

◎情绪与社交能力

宝宝社交能力的发展与训练

这个时期宝宝会有目的地掷玩具，大人在桌子上摆玩具，宝宝在玩玩具时，往往会故意把玩具掷在地上，宝宝希望大人能帮他拾起玩具，然后他还会将玩具掷在地上，在这过程中体会自己的行为与表现，并会感到快乐。

这时宝宝的执拗行为发生较多，常使爸爸妈妈感觉宝宝越来越不"听话"。但是宝宝并不理解爸妈讲的"不"这个词。宝宝会与大人玩推球的游戏，这是与人交往的能力发展的表现。这时期，爸爸妈妈要对宝宝的交往能力加以训练。

宝宝的心理变化

这时宝宝的心理发育有了很大的变化，其情绪与个性与以往不同。这时，宝宝能意识到他的行为能使妈妈高兴或不安；能很清楚地表达自己的情感，并且这个时候的宝宝已经有了初步的自我意识，因为他已经因妈妈抱其他小朋友而"不高兴"了。

在生活习惯与行为准则上，也渐渐向良好的方面发展，并形成了一个初步的模式。

11个月

宝宝智能开发效果测试

序号	测试项目	选项	得分
1	按父母的要求捡出图片	A.4张（12分） B.3张（10分） C.2张（7分） D.1张（4分）	10分为合格
2	放上杯盖	A.放正（5分） B.放歪（3分） C.乱放（0分）	5分为合格
3	用手打开纸包后再取食物	A.手指打开（10分） B.打开（5分） C.要大人打开（0分）	10分为合格
4	从大瓶中取糖果	A.示指抠出（10分） B.倒出（8分） C.打翻瓶子取（7分） D.让大人拿取（0分）	10分为合格
5	按形状放取东西	A.放入圆形（12分） B.抠取3个形块（9分） C.抠取2个形块（6分） D.抠取1个形块（3分）	9分为合格
6	回答"你几岁啦？"	A.竖起示指表示"我1岁"（10分） B.乱竖指头表示（8分） C.不表示（0分）	10分为合格
7	称呼亲人	A.4人（18分） B.3人（15分） C.2人（10分） D.1人（5分） E.不会（0分）	10分为合格

续表

序号	测试项目	选项	得分
8	依恋亲人	A.妈妈抱别的宝宝时拉扯着要抱自己（12分） B.靠在妈妈身边不离开（10分） C.靠在爸爸或其他亲人身边（8分） D.妈妈离开时不在乎（4分）	12分为合格
9	穿裤子	A.自己伸腿入裤管内（9分） B.大人握腿放入裤管内（3分） C.不肯穿裤子（0分）	9分为合格
10	脱鞋袜	A.自己用脚蹬掉鞋袜（10分） B.蹬掉鞋子（5分） C.让大人帮助脱掉（0分）	10分为合格
11	学走	A.能够在大人面前放手走1～2步（15分） B.自己扶家具来回走（10分） C.大人一手牵着走（8分） D.在学步车内走（2分）	10分为合格
12	登高	A.能够自己用手脚爬上被垛或台阶（5分） B.大人牵着上一级台阶（3分） C.不敢上高（0分）	5分为合格

测试分析

1题测认知能力，应得10分；2、3、4、5题测精细动作，应得34分；6、7题测语言能力，应得20分；8题测社交能力，应得12分；9、10题测自理能力，应得19分；11、12题测大肌肉活动能力，应得15分。总分在110分以上为优秀，90～100分为正常范围，70分以下为暂时落后。哪一道题若在合格以下，可先复习9～10个月相应的试题或该能力组的全部试题，再学习本月龄组的试题。若哪一题在合格以上，可跨过本阶段的试题，进行下个阶段能力组练习。

第十二节

12个月的宝宝

宝宝智能发育状况

◎语言能力发育

这个月结束后，宝宝就满1岁了，这是个很有意义的时刻。这个月的宝宝比上个月又多了一些本事，如果上个月宝宝只能说出3～4个明确表示物体、动作或人物的名称，这个月他又能多说两个了。

如果上个月父母问宝宝"灯在哪里"，他只会用眼睛看、用手指，这个月父母问他的时候他会指着灯发出"嗯""啊"的声音了，这是宝宝在告诉你"灯就在那里呢，你看到了吗？"之前宝宝对小猫、小狗等有生命的动物比较感兴趣，这个月他对没有生命的灯、电视、电脑、手机等也都特别感兴趣，父母会发现宝宝能一个人朝着电视或电脑屏幕看好长时间。

◎思维能力发育

这个月的宝宝独立"思考"能力又有很大进步，他会盯着一个东西看，脑袋里面在思索。如看电视上的卡通娃娃在说话的时候，宝宝可能脑袋里在想"这个宝宝在干什么呢？是在和我说话吗？他能到电视里面去，我也想上去……"并会不时地发出回应，和电视里的卡通娃娃"对话"。

◎声音能力发育

如果大人当着宝宝的面，用手捏带响的玩具，让它发出声响，然后把玩具递给宝宝，宝宝拿到后也会模仿着捏。如果妈妈用杯子盖住玩具，宝宝会拿开杯子找到盖在杯子下面的玩具。将一只皮球给宝宝，让他把球抛给妈妈，如不会可先示范。将球先抛给宝宝，再让他将球抛还给妈妈，经过数次训练，宝宝能够掌握抛球的动作，但他的平衡和协调能力还不够好。

◎动作能力发育

宝宝能够站起、坐下、绕着家具走，行动更加敏捷。不用扶，宝宝自己就能站稳独走几步。站着时，宝宝能弯下腰去捡东西，也会试着爬到矮的家具上面去。

◎认知能力发育

这个月的宝宝能一眼认出人群中的父母了，如果爷爷奶奶、姥爷姥姥经常来看望宝宝，他们一进门，宝宝就会非常高兴，会拍手欢迎，急着让他们抱；当爷爷奶奶抱的时候，宝宝会高兴地跳来跳去，好像要从怀里蹿出来一样。

宝宝感知能力发育标准

◎动作

这个月的宝宝坐着时能自由地左右转动身体，能独自站立，扶着一只手能走，推着小车能向前走。能用手捏起扣子、花生米等小东西，并会试探地往瓶子里装，能从盒子里拿出东西然后再放回去。双手摆弄玩具很灵活。动作发育快的宝宝不但会站，还能摇摇摆摆地走，但宝宝学会走路的平均年龄是1岁零3个月左右。这时候宝宝的手眼协调进一步完善，能拉抽屉和开门。宝宝的模仿能力更强：会模仿成人擦鼻涕，用梳子往自己头上梳等动作；会打开瓶盖，剥开糖纸，不熟练地用杯子喝水。

12个月

◎语言

这个月的宝宝喜欢嘟嘟叽叽地说话,听上去像在交谈。喜欢模仿动物的叫声,如小狗"汪汪"、小猫"喵喵"等。能把语言和表情结合起来,他不想要的东西,他会一边摇头一边说"不"。这时宝宝不仅能够理解大人很多话,对大人说话的语调也能理解。

◎心理

这个月的宝宝喜欢和爸爸妈妈在一起玩游戏、看书画、听大人讲故事。喜欢玩藏东西的游戏,喜欢认真仔细地摆弄玩具和观赏实物,边玩边咿咿呀呀地说着什么。

如果听到喜欢的歌谣就会做出相应的动作来。这个月的宝宝,每日活动是很丰富的,在动作上从爬、站立到学行走的技能日益增加,他的好奇心也随之增强,宛如一位探险家,喜欢把房里每个角落都了解清楚,都要用手摸一摸。为了宝宝的心理健康发展,在安全的情况下,应尽量满足他的好奇心,要鼓励他的探索精神,千万不要随意吓唬宝宝,以免损伤宝宝萌芽时期的自尊心和自信心。

聪明宝宝这样教

◎大动作能力

宝宝运动能力水平

此时的宝宝可以独站片刻,并且可以保持平衡。将宝宝放在没有任何可以依靠的地方使之站立,当宝宝已获得平衡后,父母可松开扶住的双手,宝宝能短暂地保持平衡10秒钟不摔倒。大人拉着宝宝的一只手,宝宝即能协调地移动双腿向前走。

宝宝在最初扶物站立时,可能还不会坐下,这时爸爸妈妈应教他如何学会低头弯腰再坐下。妈妈可以把玩具放在近一些的地面上引导,让宝宝低头弯腰去抓,即使是一手抓住家具后蹲下,另一手伸出去抓玩具,也是一种进步,这时也要鼓励一下。

因为,当宝宝懂得低头弯腰去抓玩具后,接下去他将懂得不必依靠家具或家人扶持,再接下去宝宝就能靠自己的力量站立和坐下了。

◎大动作能力游戏

踩影子

风和日丽时，带着宝宝到户外散步。在宽敞的马路或儿童娱乐场所里，妈妈指着爸爸的影子向宝宝惊喜地喊道："哇，大影子！"然后用脚去踩，爸爸慢慢走动，妈妈跟着边走边踩，并一边告诉宝宝："宝宝，过来和妈妈一起踩爸爸的大影子。"

宝宝这时已经能独自走路了，他会摇摇晃晃地去踩爸爸的影子，踩到了影子爸爸和妈妈要惊喜地夸奖宝宝："哇，宝宝好厉害，影子被踩哭了，呜呜呜"。宝宝会更加兴奋地去踩，这时爸爸可适当走得稍微快一点点，但一定要保证能让宝宝跟上。

经验★之谈

这个游戏可训练宝宝的独自行走能力和身体平衡能力，也有利于宝宝的大动作能力发展。如果是夏天阳光很炎热的话，一定要给宝宝做好防晒，戴个遮阳帽或选择在清晨或晌午阳光温和的时候去做游戏。

投球

用旧报纸捏几个直径4～5厘米的纸球；准备一个鞋盒，去掉盖子放在地上。

将纸盒放在地板上，让宝宝站在离纸盒70厘米处，妈妈先拿起一个纸球投进盒子里面，然后给宝宝一个纸球，告诉宝宝："宝宝，投进去"。宝宝会模仿着妈妈往纸盒里投球。

妈妈可拿一个球给宝宝做示范，让宝宝学着妈妈的样子拿球、扔球。在宝宝投进去后妈妈要给予鼓励，"哇，宝宝好棒哦！"

经验★之谈

如果宝宝投球准确率很低的话，可将盒子适当移近10～20厘米，以免宝宝总投不进去失去兴趣。这个游戏可锻炼宝宝的臂部肌肉，提高宝宝的大动作能力。

12个月

◎精细动作能力

宝宝精细动作训练

1周岁的宝宝,手部动作发展已很熟练。这时宝宝已经能用全掌握笔在白纸上画出道道来,并且,也能和大人一样用拇指和示指的指端捏小物体,手部拿捏能力的程度已经发展得很好了。爸爸妈妈可以根据宝宝在这个时期的能力特点,通过游戏开发宝宝的精细动作智能。

训练手的控制能力

在宝宝能够有意识地将物品放下后,训练宝宝将手中的物品投入到一些小的容器中。通过训练,使宝宝的小手有一定的控制能力。

提高手部灵活性

爸爸妈妈可以在桌前给宝宝摆上多种玩具,如盖子、小丸、积木、小勺、小碗、水杯等。

当宝宝看到这些东西时,慢慢就会知道用积木玩搭高,知道将盖子扣在瓶子上,知道用水杯喝水,知道用拇指、示指捏起小丸,知道将小勺放在小碗里"准备吃饭"等等。

经过多种训练,来锻炼宝宝手的灵活性,提高手的技能。

◎精细动作能力游戏

翻书

拿一本专供新生儿阅读的大开本彩图,薄而耐用,让宝宝双腿伸直坐在床上,将书摊开放在宝宝的双腿上,一页一页帮宝宝翻,一边指着书里面的彩色图片,一边告诉宝宝这个是什么,在做什么等。如果是配插图故事书可边看边给宝宝指着图讲故事,引起宝宝翻书的欲望。宝宝的小手会迫不及待地自己动手翻动,但可能是满手去抓,或者用手掌推书页,这时妈妈就要教宝宝用拇指和示指捏着书页,将书页轻轻提起来翻过去,而且要教宝宝顺着翻。有时候宝宝可能会扯书页,妈妈不要指责,要告诉宝宝:"扯书的宝宝就不乖了,妈妈就不给宝宝看了"。并做出不高兴或伤心的表情,让宝宝明白自己的行为会让妈妈不高兴。如果宝宝继续扯书的话,妈妈可给他找一本纸质比较厚的书。

空中画圈

用一根20厘米左右的粗线系住一个带环的棉绒小玩具，妈妈拿着粗线一头将玩具画圈旋转，在空中画圈，宝宝在一旁好奇地看。然后将线递给宝宝，看宝宝怎样玩。如果宝宝攥不牢粗线，妈妈可先教他用示指和手掌练习捏粗线，然后再旋转；有些宝宝会拿着粗线前后晃动，甩不出圆形，妈妈可再次示范，并拉着宝宝的手臂甩出圆形，再放开手让宝宝自己甩。

经验★之谈

> 妈妈要耐心教宝宝，不能急于求成，让宝宝练习手腕的快速圆形运动，先模仿妈妈，经过多次练习才能学会。手腕的运动是手部精细技巧所必需的，为以后书写、绘画、弹奏等动作做准备。

◎语言能力

帮助宝宝进行明确表达

宝宝在咿咿呀呀学语时，他很想表达自己的意思，但想说又不会说，爸爸妈妈可以抓住这个时机，帮助宝宝把他想说的话说出来，可以让宝宝听到他想说的话是怎么表达的。扩展其实是很好的提升宝宝认知的方法。在扩展时可以用描述、比较等方法。通过描述事物的颜色、形状、大小等来提升宝宝的认识能力。比如可以说："苹果，红色的苹果。"通过这些语言都可以让宝宝了解事物的性质，提升宝宝对事物的认知，增加词汇量以及提升语言表达能力。

纠正宝宝的发音

平时父母要注意宝宝的错误发音，并帮助宝宝纠正。如果父母将错就错模仿宝宝，宝宝就会得到错误暗示，认为自己的发音是对的。宝宝听觉的分辨能力和发音器官的调节能力都较弱，发音器官发育不够完善，还不能完全正确掌握某些音节的发音方法，因此会有一些可笑的发音，如把"狮子"说成"希几"，"苹果"说成"苹朵"，将"吃"说成"七"等。这时，父母不要模仿宝宝的错误发音，相反，应该纠正宝宝，如当宝宝发出"苹朵"时，父母要张大嘴型发出"苹——果，果——"的音，并让宝宝模仿嘴型发音。

12个月

◎情绪与社交能力

让宝宝多交朋友

培养心理健康的宝宝，爸爸妈妈还要鼓励和支持宝宝多和小朋友接近，一起活动、玩耍；或者是参加一些成人社交活动，要多和爸爸妈妈以外的成人接近。

这样，可以丰富宝宝的生活，开拓思路，使宝宝逐渐形成活泼、开朗、大方的性格，避免羞怯、自卑、孤僻等心理产生。想让宝宝有一个健康的心理，爸爸妈妈就要给宝宝的心理发展创造一个优越的成长环境。

> **经验★之谈**
>
> 人的心理状态和生理状态是相互促进的，尤其在新生儿时期更为突出。因此，作为爸爸妈妈应当根据宝宝的年龄特征，对宝宝各种活动休息形式作出合理的安排，使宝宝有规律地生活，自由活动不受束缚，从而能经常处于快乐状态，使心理得以正常地发展。

引导宝宝主动说话

在日常生活中引导宝宝主动与人说话和模仿发音，积极为宝宝创造良好的交际环境。要让宝宝主动向人问好："您好""谢谢"等。还要让宝宝学习用"叔叔""阿姨"等称呼周围熟悉的人，见到了就要叫一声。此外，还要鼓励宝宝模仿大人的表情和声音，当模仿成功时，爸爸妈妈要做出高兴的表情去鼓励一下。

◎情绪与社交能力游戏

国画欣赏

买一张彩色国画，上面有山水有鸟儿，挂在墙上与大人头部平行的地方，抱着宝宝先从正面看，大约站在画前1米的地方，给宝宝一一介绍画里的内容，如："绿色的是山，蓝色的是小河"等。

等宝宝观察3分钟左右，抱着宝宝换个方向，站到画的左侧1米处，指着画面再给宝宝重新介绍一遍，观察宝宝的反应，看宝宝是否会露出熟悉或看懂的表情，如果宝宝没有反应也很正常，要反复做游戏。

然后从画面右侧1米处再观察介绍，最后抱着宝宝靠近画面，让宝宝用手摸摸画。还可以从其他各个不同方向和距离处让宝宝观察画。

玩过家家游戏

爸爸妈妈先准备一个玩具娃娃，玩具娃娃的头发可梳可扎，眼睛要会动，衣服可以脱下穿上，最好有袜子、鞋子等，玩过家家游戏时会很方便。

另外，爸爸妈妈可以再准备一套玩具餐具。在玩游戏时，爸爸妈妈要一边说话一边玩过家家，让宝宝在旁边看着。爸爸妈妈要很细致、很缓慢地做每一个动作，比如说给娃娃穿袜子、穿鞋子、穿衣服、系扣子，给娃娃扎头发等。然后，爸爸妈妈要用玩具餐具给娃娃喂饭。喂完饭，妈妈对宝宝说："宝宝，爸爸妈妈给娃娃喂完了饭，现在娃娃要出去玩了，请宝宝给娃娃换衣服，我们带娃娃出去玩好吗？"说完，爸爸妈妈把娃娃的衣服脱掉，让宝宝根据自己的观察将爸爸妈妈的动作重复再做一遍。

此外，游戏的内容可以是多方面的。比如，给娃娃穿衣、梳头、喂饭、哄娃娃睡觉等。在玩这个游戏时，可以只让宝宝做一部分动作，具体内容的多少根据宝宝的发展情况来决定。通过这个游戏，可以培养宝宝的视听觉能力；培养宝宝对自己感兴趣的事物进行较长时间的观察，有效地提高宝宝的注意时间。

12个月

宝宝智能开发效果测试

序号	测试项目	选项	得分
1	认识身体部位	A.6处（12分） B.5处（10分） C.4处（8分） D.3处（6分） E.2处（4分）	10分为合格
2	指图，如动物、水果、日常生活用品、车辆等图	A.8幅（14分） B.6幅（12分） C.4幅（8分） D.2幅（4分） E.1幅（2分）	12分为合格
3	配大小瓶盖	A.正确配上大小瓶盖（10分） B.正确配上1个（5分） C.配1个但放歪（3分） D.未配上（0分）	10分为合格
4	蜡笔画	A.乱涂纸上有痕（10分） B.扎上小点（5分） C.空中乱画（3分） D.不会握笔（0分）	10分为合格
5	1分钟内投入瓶中小丸个数	A.6个（12分） B.5个（10分） C.4个（8分） D.3个（6分） E.2个（4分）	10分为合格
6	模仿大人拿着拴细线的小球摇晃	A.摇成圆圈（9分） B.前后晃荡（5分） C.摇不动（0分）	9分为合格

续表

序号	测试项目	选项	得分
7	模仿动物叫声：猫、狗、羊、鸭、鸡、牛、虎	A.6个（12分） B.5个（10分） C.4个（8分） D.3个（6分） E.2个（4分）	10分为合格
8	用动作表演一首儿歌	A.动作4种（10分） B.动作3种（8分） C.动作2种（6分） D.动作1种（4分）	10分为合格
9	会用汤勺	A.盛饭送入嘴里1~2勺（5分） B.盛上饭，但未送到嘴里（4分） C.凸面向上盛不到东西（2分） D.乱搅不盛物（0分）	5分为合格
10	戴帽	A.放头顶上拉正（8分） B.放稳（6分） C.放不稳掉下（4分） D.不会（0分）	6分为合格
11	学站	A.不扶物站稳3秒（9分） B.扶物站稳（5分） C.牵着站（3分）	9分为合格
12	会走	A.自己走10步（15分） B.自己走5步（12分） C.自己走1~2步（9分） D.牵着走（6分）	9分为合格

测试分析

1、2题测认知能力，应得22分；3、4、5、6题测精细动作，应得39分；7题测语言能力，应得10分；8题测社交能力，应得10分；9、10题测自理能力，应得11分；11、12题测大肌肉活动，应得18分。总分在110分以上为优秀，90~100分为正常范围，70分以下为暂时落后。哪一道题若在合格以下，可先复习10~11个月相应的试题或该能力组的全部试题，再学习本月龄组的试题。若哪一题在合格以上，可跨过本阶段的试题，进行下个阶段能力组练习。

第二章
1~2岁 宝宝智能培训与测评
Di-er Zhang
Baobao Zhineng Peixun yu Ceping

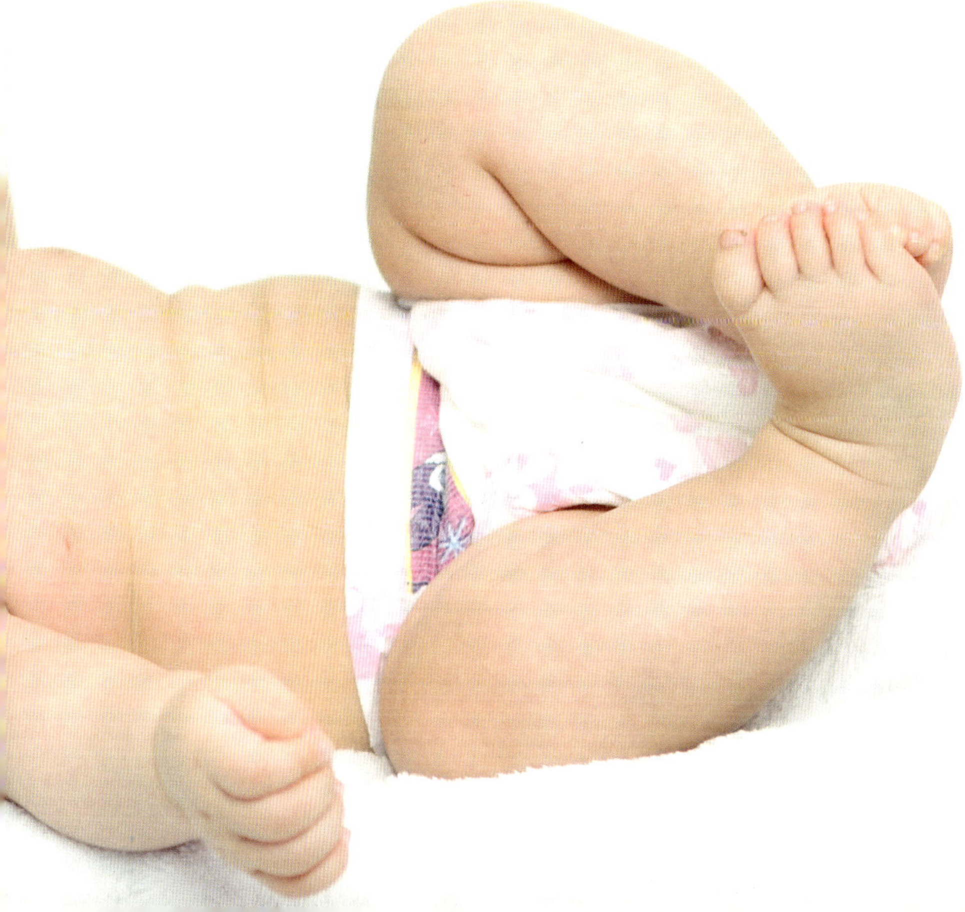

第一节 13~14个月的宝宝

宝宝智能发育状况

◎ 运动能力发育

现在的宝宝已经可以不用搀扶就能稳稳地站立了，而且有的宝宝可以独立行走，有的可能还需扶着东西或牵着父母的手才可以。而总体上，宝宝的平衡能力在增强，手眼脑的协调能力也在慢慢提高。

◎ 语言能力发育

这个时期的宝宝可以说很多像"爸爸""妈妈""爷爷""奶奶""姑姑"等叠音词。而像"抱""拿""吃""喝"等单音节动词，也可以说一些，只是有些发音不准，宝宝还会喜欢加上一些手势和动作。

◎ 认知能力发育

这个时期的宝宝可以识别出有颜色的玩具，可以和他人打招呼，可以说出一些物体的名称，还可以用两只手指夹东西吃。

◎ 情感和社交能力发育

宝宝可以领会不同的表情和声调的含义，自己也可以表现出喜悦、恐惧等情绪。这个时期宝宝开始喜欢外出接触外人。

聪明宝宝这样教

◎选择内容平静、优美的故事

为了让宝宝安静入梦，最好挑选有安定感、情节变化平稳的故事，宝宝才不会越听越兴奋，如《会飞的小蚂蚁》《彩虹尾巴下面的青蛙》《小白兔的种子》等；家长讲故事时，要慢慢地讲，语气要舒缓，并不时针对宝宝的年龄和心智发育，稍微调整故事内容。

◎语言生动形象、感情丰富

父母在给宝宝讲故事时可适当夸张，让声音更加生动形象，多用一些宝宝喜欢的、容易理解的词语，如拟声词、重叠词等，如果家长能够充分表现愉快、愤怒、失望、难过等情绪，睡前故事就会更精彩。为宝宝讲睡前故事，要用感情来表现气氛，而且要轻柔甜美。讲故事之前，最好先了解故事的主题和内容，讲起来才会自然生动。

13~14个月

◎如何教宝宝用词组表达意图

在这个阶段之前宝宝可能只会说单音节词汇，比如问宝宝叫什么啊，可能会说"宝"，问宝宝吃奶了没，可能会说"吃"或"奶"；但满1岁后，宝宝慢慢学会舌头拐弯，使用词组，如"吃奶""妈妈抱"之类的话，也就是说宝宝已经进入了短语阶段。

这个阶段的特征是：宝宝能够准确地使用简单词汇，通常是身边事物的名称，或经常发生的动作等，比如"鸭子""车子"或"爸爸喝"等。

这时期父母要在宝宝学会用一个字表达自己要求的基础上，进一步训练宝宝用两个字以上的词组表达要求。例如，宝宝说"抱"时，可能是让妈妈抱他，也有可能是他想抱布娃娃。这时父母就可根据当时的情景引导他说出完整的词组，如，"妈妈抱"或"抱娃娃"。再如宝宝说"喝"时，父母就可问他"宝宝要喝水？""宝宝要喝奶？"然后教他说，"喝水""喝奶"。父母在教宝宝使用词组时父母可从以下几个方面着手：

多说

父母要多向宝宝说话，多激励宝宝开口说话。父母可不断地向宝宝介绍周围的人和物，详细地描述一些细节，让宝宝暴露在语言环境当中。同时还要适当地鼓励宝宝多使用口语词汇而不仅仅动动手指，比如在宝宝指着冰箱做出想要的动作时，父母可以鼓励他说出"果汁""牛奶"等词汇。

儿歌与阅读

儿歌和阅读是促进宝宝语言发展的主要手段，多给宝宝唱儿歌，多给他讲故事，配合表情和动作，增加宝宝的语言理解能力，丰富宝宝的语言词汇。同时，在押韵或重复字处放慢速度，给宝宝一定的时间模仿发音。

音乐开发宝宝的右脑

人的大脑左半球负责完成语言、阅读、书写、计算等工作，被称为"语言脑"。大脑的右半球负责完成音乐、情感等工作，被称为"音乐脑"。由于人类生活离不开语言，因而"语言脑"的利用率特别的高，"音乐脑"的利用率特别的低，从而造成左右脑的功能失调。

当我们越多地使用左脑时，右脑使用的机会就会越少，甚至会关闭。右脑的存储量是左脑的100万倍，但全世界的人一辈子开发的右脑不足4%，大部分的右脑在"睡大觉"，白白浪费了，这是令人吃惊和遗憾的。

由于"音乐脑"能使人产生创造力、联想力、直观力、想象力及灵感，所以如能够设法开发利用"音乐脑"，那将会提高人类的智能。研究者强调，"音乐脑"在幼儿时期至关重要。幼儿期是"音乐脑"的推理能力和空间想象能力开始形成时期。这一时期"音乐脑"的思维模式不仅容易形成，而且能永久保持。

所以，幼儿期如能让宝宝经常学音乐、听音乐，就可以大大地开发"音乐脑"，提高宝宝的智能，这对他们的一生将产生重大影响。

音乐是人七情六欲的表达方式，所以，并不是所有的音乐都能起到开发右脑的作用。在音乐的选择上，要注意以下几个原则：没有歌词的古典音乐，没有详细意义指向的音乐，温馨柔美的音乐，有艺术价值的音乐等都是比较适合的。

经验★之谈

晚上睡着以后是开发右脑的最佳时段，1个小时得到的效果等于白天8个小时。通过开发右脑，比如弹钢琴、拉小提琴、跳舞、散步，用眼去欣赏漂亮的大自然，用耳去倾听欣赏古典音乐、经典音乐会得到明显的效果。

13~14个月

◎大动作能力

拉棍子练走

准备一根表面光滑的短木棍，带着宝宝到户外的宽敞处，妈妈两只手分别抓住木棍的两端，让宝宝双手抓住棍子的中间。妈妈慢慢地一步步后退，牵引着宝宝向前走动。妈妈可直线走，也可绕着圈子走，不断变换着路线，锻炼宝宝的行走能力。父母还可以每人单手拉着棍子的一头，一前一后行走。

等宝宝能够很容易拉着妈妈的棍子向前行走了，还可以训练宝宝退着走的能力，妈妈向前慢速移动，让宝宝向后慢慢退步，但要小心别推到宝宝。刚开始爸爸最好在宝宝后面保护他，直至宝宝学会退着迈步。妈妈要边走边鼓励宝宝："宝宝走得好，宝宝加油走！"随着宝宝走路的快慢，妈妈可适当加快速度。

捡起来接着走

准备几件不易摔碎的东西，如手帕、纸片、气球等。妈妈有意将手帕掉到地板上，指着地上的手帕向宝宝说："呀，怎么掉了呀，宝宝帮妈妈捡起来好吗？"宝宝很乐意为妈妈效劳，会挪动着脚步过去捡，等宝宝弯腰捡起手帕后，妈妈就鼓励他把手帕拿过来："宝宝，给妈妈拿过来啊！宝宝真乖。"宝宝会接着往妈妈那儿走。当宝宝顺利将手帕交到妈妈手里时，一定要鼓励宝宝。

经验★之谈

妈妈可以训练宝宝弯腰用两只手捡东西，如将一个大熊放到地上，让宝宝去捡起来，宝宝会双手抓起熊，抱着走向妈妈。

◎精细动作能力

地板上捡豆子

这时期的宝宝运动能力增强，活动量也增大了许多。游戏中，宝宝不再只喜欢坐着玩，父母可适当变换游戏方法，使其更符合这个月宝宝的状况。

例如捡豆子，妈妈将小豆子撒在地板上，面积要大一些，大概两平方米，然后给宝宝一只比较轻巧的小碗，告诉宝宝："把地上的豆豆捡起来，放到这个小碗里。宝宝会蹲下来捡豆子，可能捡几颗后会站起来挪动一下接着捡，或者把碗放在一旁，捡几颗后跑过去放进碗里再捡，这时妈妈要教宝宝一手端着碗，另一只手边捡边往里面放，并教宝宝蹲着身子往前挪动脚步。

经验★之谈

宝宝如果有害怕、逃避、拒绝的反应时，不要强迫他，可以慢慢地引导他用手或用脚先行碰触。

开盖、配盖

将用过的各种各样的盒子、瓶子等收集起来当玩具，这些盒子瓶子的盖，有的可拧开，有的可掰开等。爸爸拿出大小不同的3个瓶子放在小桌子上，最好是塑料的，或轻巧、不易摔碎的，棱角要光滑。

告诉宝宝："爸爸要打开瓶盖了，宝宝看，开了！"当着宝宝的面一个个拧开或掰开，然后将盖子和瓶子混在一起，让宝宝摆弄着玩一小会儿，告诉宝宝："宝宝，给瓶子盖上盖好吗？"并指导宝宝配盖子，教宝宝如何拧紧盖子。爸爸可边做示范边讲解，如："你看，放在瓶口，用手压下去""用手指捏住，然后向这边转动"等。

鼓励宝宝自己将盖子打开，然后鼓励宝宝自己动手配盖子。反复游戏。刚开始不要给宝宝太多瓶子，3个就够了，随着宝宝的长大，可适当增加到4～5个。

经验★之谈

宝宝在这种开开、盖上、配盖的简单游戏中，可促进精细动作的发展。

13~14个月

◎知觉能力

浴缸中的触摸

给宝宝准备一个水盆，盆里放上宝宝喜欢的小鸭子、彩球、积木等不同质地的玩物，再给宝宝一个量杯，盛满水后让宝宝把小玩具放到量杯里，再拿出来，引导宝宝观察量杯里剩下水的高度，为他以后认识物体的体积奠定基础。

还可给宝宝两条毛巾，干毛巾和湿毛巾，让宝宝一手拿一条比较，可让宝宝初步了解重量的概念；或把不同质地的东西（塑料杯子、木块、金属球、玻璃球等）放进水中，让宝宝看其漂浮还是下沉等。

找爸爸

父母和宝宝在客厅里，妈妈用手遮住宝宝的眼睛，告诉宝宝："宝宝不许看，爸爸藏好了宝宝再看"。等爸爸藏到厨房里后，妈妈放开挡住宝宝眼睛的手，问："爸爸呢？咱们去找爸爸好吗？"然后带着宝宝去找，爸爸可制造出一些声音，给宝宝提供线索，如大喊一声"宝宝，我在这儿呢！"或学着猫咪叫几声，妈妈边走边指导宝宝认识方向，如"左转，向前走，再右转"等，爸爸的藏身之地可以不断变化，如客厅的沙发背后、洗手间、其他卧室等。

◎思维能力

手心里寻找糖果

爸爸拿一颗颜色鲜艳的水果糖放在手心，伸到宝宝面前，"宝宝，想吃糖吗？很甜的"。当宝宝伸手来拿时，爸爸将手攥起来，假装惊奇地问宝宝："糖果不见了，猫咪抢走了！宝宝赶紧去追！"看宝宝的反应，宝宝可能会显得茫然或盯着爸爸的拳头看，趁宝宝思考时，爸爸将手展开，糖果又出现在宝宝眼前，"哇，糖果在这里呢！"将糖果给宝宝。

再拿一颗糖果握在右手里，将两只拳头都伸到宝宝面前，"宝宝，爸爸的哪只手里面有糖果？"然后将两只手都伸开，让宝宝看清楚糖果在右手里，而左手是空的，当宝宝伸手拿时，将两手都攥住，看宝宝会掰哪个手。当宝宝掰开拿糖的手时，要奖励宝宝。

◎情绪与社交能力

学会认表情

当宝宝拿糖给父母吃时，父母要表现出高兴的样子，让宝宝知道自己做了件好事；当宝宝把饭菜扔在地上时，父母要一面制止，一面做出生气的表情，让宝宝知道父母生气了，自己做错了；当宝宝把自己的玩具给小伙伴玩时，父母要开心地点头赞许，并夸奖宝宝："宝宝真乖，知道关心别人。"

在日常生活中，父母可通过不同的表情在宝宝面前表现自己的喜欢、快乐、赞扬、忧伤、生气等情绪或态度，这样宝宝可学会通过表情了解别人的感受，在日后的人际交往中会更为机敏，同时还知道自己的哪些行为会让别人高兴，哪些会让别人生气，从而对自己的行为有认识和判断。

两只小鸟的故事

经常给宝宝讲一些有关小动物分享食品的故事，如：

"一棵树上有两只小鸟，很可爱，它们的爸爸妈妈都去了很远的地方，两只小鸟晚上自己睡觉，白天两人一起唱歌跳舞，饿了时就由个头小的那只小鸟守着小窝，个头大的那只小鸟出去找虫子，等把虫子找回来后，它们两人每人一口，从来不争抢。

"有一天，小鸟哥哥生病了，飞不动了，小鸟弟弟说：'哥哥今天你在家里守着咱们的小窝，我去找吃的。'说完就飞走了。小鸟哥哥等了好久，才见弟弟飞回来，弟弟很累，口里叼着一只很小的虫子，放在哥哥的嘴边，说：'哥哥你吃了吧，我不饿。'哥哥说：'我们一起吃吧'。弟弟和哥哥都想让对方吃掉虫子，可最后谁也不想自己独自吃，它们决定每人一小口。"

这就是两只小鸟的故事。

经验★之谈

在宝宝情绪好的时候，父母还可以给他两块糖果，让他把一块给别的小朋友，如果宝宝做了，一定要夸奖他。

13~14个月

宝宝智能开发效果测试

序号	测试项目	选项	得分
1	从彩色积木和彩色珠子中挑出红色积木和红色珠子	A.挑出2种（10分） B.挑出1种（5分） C.不会（0分）	10分为合格
2	套圈游戏	A.套进5个（10分） B.套进4个（8分） C.套进3个（6分）	10分为合格
3	别人叫自己名字	A.会走过来（8分） B.转头看不走动（4分） C.不动（记0分）	8分为合格
4	称呼亲人	A.5人（15分） B.4人（12分） C.3人（9分） D.2人（6分）	12分为合格
5	哄娃娃，喂娃娃吃奶吃饭，盖被睡觉	A.3样（10分） B.2样（7分） C.1样（3分）	10分为合格

续表

序号	测试项目	选项	得分
6	能从首页翻开，翻页，合上	A.对4种（12分） B.对3种（9分） C.对2种（6分） D.对1种（3分） E.会翻页（记15分）	9分为合格
7	用积木搭高楼	A.搭2块（8分） B.搭1块（4分） C.将积木放回盒内（每块1分）	10分为合格
8	用棍子拿取远处玩具	A.能够取着（9分） B.推得更远（6分）	9分为合格
9	用手能力	A.会用示指、拇指捏取食物（4分） B.大把抓（2分）	4分为合格
10	自己走路	A.10步（12分） B.5步（10分） C.3步（4分）	10分为合格

测试分析

1、2题测试认知能力，应得20分；3、4题测试语言能力，应得20分；5题测试社交能力，应得10分；6、7、8题测试精细动作能力，应得28分；9题测试自理能力，应得4分；10题测试运动能力，应得12分。总分在92分以上为优秀，80～92分为正常范围，70分以下为暂时落后。哪一道题若在合格以下，可先复习11～12个月相应的试题或该能力组的全部试题，再学习本月龄组的试题。若哪一题在合格以上，可跨过本阶段的试题，进行下个阶段能力组练习。

163

第二节 15~16个月的宝宝

宝宝智能发育状况

◎ 运动能力发育

宝宝现在基本摆脱爬行移动身体的阶段，可以蹒跚地走路，还可以蹲下后再站起来，要知道这可是要调动全身的力量，不要太小瞧宝宝。有的走得很好的宝宝这时甚至会试图跑起来。

◎ 情感和社交能力发育

宝宝开始对陌生人的声音感兴趣，有时也会在旁边看别的小朋友玩耍，但自己还不会加入，还是喜欢和父母一起玩。现在的宝宝想法增多，但语言有限，常常不能准确地表达自己的想法，因此常常会发怒。

◎语言能力发育

现在的宝宝基本上可以理解10～100个词汇，但常常不能准确发音，这是宝宝在学习说话的过程中的正常现象，妈妈不要着急。

聪明宝宝这样教

◎脑力开发能让宝宝更聪明

大脑是人体"最高司令官"，人的行为、语言、判断、感觉、思考均由大脑指挥，因此，要让宝宝变得聪明，脑力开发至关重要。

经验★之谈

0～3岁是人一生中脑部发展的重要黄金期，也深刻影响着未来智力潜能的发展。巴甫洛夫认为在婴幼儿成长的过程中，一旦错过了生长发育期，脑组织结构就会趋于定型，潜能发展也将受到限制，即使拥有非凡的天赋，也无法获得良好的发展。因此，父母要把握这段黄金期，施予婴幼儿早期教育，促进脑细胞的增加分化与脑神经的突触紧密联结。

◎认清左右脑分工

大脑分为两部分：左脑和右脑。左脑与右半身的神经系统相连，掌管语言、数学、逻辑思维、分析判断，擅长理性思考，称为"知性脑"；右脑与左半身的神经系统相连，掌管图像感觉、音乐韵律、创造性思维、空间想象，擅长情绪处理，称为"艺术脑"。

◎全面进行脑力开发

具有左脑发达优势的宝宝通常会较早地学会说话和走路，能较快地掌握数字和运算等，但容易混淆相似的符号及图形；具有右脑发达优势的宝宝通常直觉敏锐，瞬间记忆力强，具有分辨相似图形的能力、易表达情感等。

15~16个月

◎给宝宝增加良性刺激

宝宝心智发展迟缓，除了有些是先天的脑部功能缺陷造成的，还有一部分是属于后天形成的，原因在于从出生开始，他脑部的功能就没有获得足够的刺激与开发，以致脑发展延迟。父母应该通过游戏，刺激宝宝各方面的功能发展。

经验★之谈

> 脑力开发并没有那么复杂，这里介绍一些简单易行的方法：多回应宝宝的呼唤，多和宝宝说话，多抚摸宝宝，多让宝宝动手，多看，多爬，多给宝宝唱儿歌，多让宝宝玩"有些脏的游戏"，如玩沙子、玩泥巴等，让宝宝多一点情感体验。

◎父母要注意讲话语气

父母跟宝宝说话的语气对他的影响很大，包括情商、智商、气质、修养等方面的影响。成功的家教与父母的言语表达息息相关。尤其是进入儿语阶段，宝宝对语言的感知能力和模仿能力都增强，父母更应该注意自己的说话语气。

一般情况下，建议父母多用以下语气和宝宝说话：

鼓励的语气

要宝宝做到没有过失，这是不可能的。当他做错了事，不要一味地批评责备，而应帮助他在过失中总结教训，积累经验，鼓励他再次获得成功。

赞赏的语气

每个宝宝都有优点，都有表现欲，发现他的优点并加以赞赏，会让他更加乐于表现。

信任的语气

宝宝希望得到成人特别是父母的信任，所以对宝宝说话时要表现出充分的信任。经常用信赖的语气和他说"我相信你"，这无形中就给宝宝增添了一份自信。

商量的语气

每个宝宝都是有自尊心的。要他去做某件事情，可用商量的语气，让他明白，他同你是平等的，你应该尊重他。经常责备会使他产生反感，即使按你的要求去做，也是不开心的。

成人的语气

对于已满周岁的宝宝，我们一直主张用与成人说话的语气和态度跟他交流，宝宝需要认知成人，如果成人也变成了宝宝的语气，很夸张的样子，那么他会认为成人也是那个很夸张的样子。

◎大动作能力

火车嘀嘀嘀

在天气晴朗的时候，父母和宝宝一起到户外呼吸新鲜空气，选个比较空旷安全的地方做一些小游戏，如开火车。

让宝宝坐火车头，让他直立站着，嘴里发出"呜呜呜"的火车鸣笛声，妈妈排在宝宝后面，双手放在宝宝肩上，爸爸同样排在妈妈后面，组成一列"火车"。

"宝宝准备好了吗？火车要开动了！"然后父母和宝宝一起发出"嘀嘀嘀"的鸣笛声，妈妈轻轻推着宝宝向前走，父母可边走边喊："火车头跑得好快。"鼓励宝宝快速向前走。

让宝宝向各个方向走动，还可鼓励宝宝爬上低台阶："火车头要上台阶了，注意啊！"宝宝会开心地带动着父母到处走。

独自下楼梯

这时大多数宝宝已经能独自爬楼梯了，但可能还不敢自己下楼梯。因为下楼梯时需要更高的身体平衡能力和重力转移方法。

每次带着宝宝出去时，要让宝宝学着下楼梯。开始可让他双手或单手扶着栏杆，先站稳一只脚，再迈出另一只脚，双脚站稳后，再开始下另一级台阶。大人要在旁边保护着。

父母也可以先下两三个台阶，转身拉住宝宝的双手，让宝宝倚着妈妈的臂力慢慢下到台阶上。等宝宝感知到每个台阶的大体高度，能很好地保持身体平衡后，就可以让他独自下楼梯了。

15~16个月

◎语言能力

小兔智斗大灰狼

"兔妈妈有一对双胞胎，一个叫皮皮，一个叫乖乖，它们两个长得一模一样。有时连父母也分不清楚。

"有一天，两只小兔到树林里去采蘑菇，采了一大筐，它们两个很高兴，提着筐子往回走。忽然，有一只大灰狼从后面窜了出来，凶狠地说：'我要吃掉你们。'两只小兔听见了，说：'咱们明天比赛跑步，从这跑到远处的那棵大树。我们输了，你就吃掉我们。赢了，你就不能吃了。'大灰狼心想：'这还不容易。'于是就答应了。正在一旁吃草的牛伯伯听见了它们的话，说：'这样吧，明天我来当裁判。'

"第二天，两只小兔提前来到树林里，乖乖先藏了起来。过了一会儿，牛伯伯和大灰狼也来了。牛伯伯喊了一声'开始'，大灰狼和皮皮就赶快跑了起来，大灰狼跑在前面，皮皮跑在后面。跑到一半的时候，乖乖跑出来，继续往前跑，而皮皮则藏到了旁边的草丛里。乖乖越跑越快，超过了大灰狼，第一个到达了终点。牛伯伯宣布：'小兔第一名！'乖乖高兴地跳了起来，大灰狼气呼呼地走了。"

用动词表达需求

宝宝刚学会一些简单的名词后，常常用名词表示动作或需要，比如：宝宝要玩具猫咪时就指着猫咪说："猫——猫"或学猫叫"喵——喵"，要喝奶时就指着奶瓶说："奶——奶"，要拿玩具娃娃时可能会说"娃娃"或指着娃娃哭闹。

在这种情况下，父母不要急着把奶瓶或玩具给他，而是故意指着宝宝想要的东西问他："宝宝要什么呀？""宝宝要拿起来吗？""宝宝是不是要喝奶？"或"宝宝是要拿娃娃吗？"并有意加重"喝""拿""要""想要"等动词的发音。

当为宝宝做某件事的时候也可以边做边描述动作过程，如给宝宝喝水时可根据具体动作这样说："妈妈给宝宝倒水，倒水了""宝宝拿着杯子，宝宝拿着，拿好啊""宝宝自己喝水，宝宝喝水"等。这样潜移默化，宝宝自然会将动作与动词结合起来，慢慢学会用动词表达自己的意愿。

◎数学能力

小棋手

准备一盘围棋和两个小碗，妈妈和宝宝各选一种颜色的棋子，两人的棋子分别放在自己的小碗里，告诉宝宝："我们把棋子一个个从碗里拿出来摆在这儿"，同时做示范先在棋盘上摆上几个棋子，然后和宝宝一起摆，妈妈可根据宝宝的速度调整自己的速度，要与宝宝的棋子数量有明显差异。如果爸爸有时间最好做宝宝的"助手"。

刚开始宝宝可能会满手抓着棋子往棋盘上撒，父母就示范他一个个摆，等宝宝摆到三四个棋子时，妈妈喊一声："停下！"然后让宝宝也停下摆棋子。指着宝宝的棋子说："宝宝摆了这么少的棋子啊，1个、2个、3个，宝宝才摆了3个。"然后指着自己的棋子说："看妈妈摆了好多啊，真多！""宝宝要加油摆啊！"

然后将棋子放在碗里再开始游戏，这次妈妈要有意放慢速度，摆三四个就好，等宝宝摆到十多个时喊停，然后指着宝宝的棋子说："哇，宝宝摆的棋子好多呀，这么多，宝宝真厉害哦！"

数汽车

天气好时带宝宝出门，在离家较近、车子不是很多的马路上走走，边走边和宝宝数车子。每过去一辆车就数一次："一辆车子，两辆车子……"数到六辆时可告诉宝宝："过了六辆车子了。"

还可以问宝宝："宝宝，这是第几辆车子啊？是不是第三辆啊？"数奔跑的汽车时，可以站在一个地点，为了让游戏更有趣，还可以只数某种颜色或某种类型的汽车。此外，还可以和宝宝数路边的树或者电线杆。

15~16个月

◎思维能力

学会利用工具

准备一根细长棍子，在宝宝的注视下，将他喜爱的玩具放到宝宝够不到的地方。如：将他的小鸭子、气球等稍微大点的玩具塞进床底下，在床旁放些椅子、柜子等家具，让宝宝钻不进去。

"宝宝能把鸭子给爸爸拿出来吗？"宝宝会跑到床边向里面看着，想钻进去。这时给宝宝一根棍子，但宝宝可能不知道怎么用，可能会乱捅玩具，这时爸爸可给他示范着将玩具够出来，然后让他自己取其他的玩具。宝宝够不出来时要耐心鼓励、指导他。他够出第一个玩具时，一定要奖励他。

还可以将他的小熊等放到桌子上，在小熊上拴一个长线，垂到地面，桌子旁边放一个宝宝能爬上去的小椅子，让宝宝从桌子上取下小熊，看他用什么方法。宝宝如果只是指着玩具熊哭哭闹闹，大人先别急着给他拿，引导他爬上椅子自己拿，或者拉长线。但要保证安全，桌子上最好没有其他物品，父母要在椅子旁边保护着。这个游戏让宝宝学会了如何应用工具解决问题，有利于宝宝的思维能力发展。

石头、剪刀、布

石头剪刀布这个游戏几乎所有人都会，在玩之前先给宝宝说明：拳头是石头，两个手指是剪刀，巴掌是布。但不要给他讲解游戏方法，如"石头砸剪刀就是赢了"等，宝宝可能记不住，而是通过玩让宝宝摸索出游戏的规则和方法。

妈妈拿来两块饼干，告诉宝宝："我们玩石头剪刀布，宝宝赢了就可以吃饼干了。"然后妈妈和宝宝一起玩，当宝宝出了拳头，妈妈出了巴掌时，就跟他说："哈哈，妈妈的布包住了宝宝的石头，妈妈赢了，宝宝输了，宝宝不能吃饼干了，咱们再来一次。"边喊口令边做手势，每次都告诉宝宝，为什么他输了或赢了，慢慢宝宝会感知其中的逻辑关系。当宝宝赢了时给他饼干做奖励。爸爸和妈妈可与宝宝同玩。这个游戏对促进宝宝逻辑思维能力发展有很大帮助。

◎情绪与社交能力

"招待"客人

家里来客人了,除了教宝宝问候客人、学习礼貌用语外,还可以和宝宝一起招待客人,教宝宝做一些力所能及的小事情,如:妈妈洗完苹果后和宝宝说,"宝宝好孩子,给阿姨拿个苹果。"或者给宝宝一个苹果,告诉他:"把苹果给阿姨好吗?"指着茶几上的糖果,告诉宝宝:"宝宝很乖,要给哥哥拿糖果吃。"还可以让宝宝把客人换下的鞋子放回鞋架等。

教宝宝招待客人时要用商量或鼓励赞扬的语气说,不要强迫宝宝,也不要在宝宝没有做好或不做时责怪他。

宝宝自己的时间

为宝宝准备好他喜欢的玩具等物品,让他在父母的视线内独自玩耍,父母不要去打扰他。但当宝宝呼唤父母或有什么疑问时,父母要认真回答,不能搪塞敷衍他。

经验★之谈

独立玩耍时,宝宝会沉浸在自己发明创造的游戏中,这有利于培养宝宝的专注力,而且能给他更多独立思考的空间,对宝宝的性格发展有益。

15~16个月

宝宝智能开发效果测试

序号	测试项目	选项	得分
1	说出自己的小名	A.会（5分） B.不会（0分）	两题相加10分为合格
2	用单音节说物品名称	A.5种（10分） B.4种（8分） C.3种（6分） D.2种（4分）	两题相加10分为合格
3	背儿歌	A.背头两句（11分） B.全首押韵的字（9分） C.背头一句（5分） D.背一至两个押韵的字（3分）	9分为合格
4	从胡同口能否找到家	A.找到自己的家门口（10分） B.找到家门旁边（8分） C.走到门口不敢认门（4分）	10分为合格
5	会用小勺自己吃饭	A.整顿饭（12分） B.半顿饭（10分） C.完全由父母喂（2分） D.跑来跑去追着喂（0分）	10分为合格

续表

序号	测试项目	选项	得分
6	上楼梯	A.自己扶栏上，两脚交替上台阶（10分） B.父母各牵一只手，双脚踏一阶（7分） C.父母抱着上楼梯（0分）	7分为合格
7	认识几种交通工具，例如汽车、马车、自行车、飞机、火车、轮船等	A.6种（12分） B.5种（10分） C.4种（8分） D.3种（6分） E.2种（5分）	7种以上每种递增1分 10分为合格
8	认颜色，例如红、黑、白、黄等	A.3种（15分） B.2种（10分） C.1种（5分）	3种以上每种递增3分 10分为合格
9	认数字或汉字	A.3个（15分） B.2个（9分） C.1个（5分）	4个以上每个增3分，5个以上每个增2分，10个以上每个递增1分
10	认识照片中的亲人	A.6人（14分） B.4人（12分） C.3人（9分） D.2人（6分） E.1人（3分）	6人以上每人增2分，12分为合格

测试分析

1、2、3题测试语言能力，应得19分；4题测试社交能力，应得10分；5题测试自理能力，应得10分；6题测试运动能力应得7分；7、8、9、10题测试认知能力，应得41分。总分在87分以上为优秀，75~87分为正常范围，70分以下为暂时落后。哪一道题若在合格以下，可先复习13~14个月相应的试题或该能力组的全部试题，再学习本月龄组的试题。若哪一题在合格以上，可跨过本阶段的试题，进行下个阶段能力组练习。

第三节
17~18个月的宝宝

宝宝智能发育状况

◎运动能力发育

宝宝现在可以很平稳地走走跳跳以及跑步，他的平衡性也有所增加，甚至还可以走出许多花样来，正着、倒着、横着，怎么喜欢他就怎么走。

◎语言能力发育

宝宝现在基本可以叫出家中常用的物品名称，可以很熟练地使用2字句、3字句了，这段时间宝宝的词汇量突飞猛进，每天可以掌握大量的单词。

◎认知能力发育

现在的宝宝懂得很多，他知道家里的物品，知道什么东西可以吃，什么东西不可以吃，但也常常会出于习惯或纯粹出于玩耍把明知不能吃的东西放到嘴巴里面尝尝。

◎情感和社交能力发育

宝宝的自我意识也开始增强，若是别人不能明白宝宝心里的想法，他就会愤怒地发脾气。宝宝现在并不热衷同其他小朋友一同玩，并且会在玩的过程中出现攻击行为。

聪明宝宝这样教

◎玩球开启宝宝的智力

玩球是每个宝宝童年甚至一生中最频繁的游戏或活动之一，球成本不高，这是玩球普遍的原因，但最主要的是，球类游戏或运动可促进智力的发育。宝宝从几个月时就会玩球，那只是限于抓握、触摸等方面，但随着宝宝的长大，玩的种类越来越多，球对宝宝的促进作用也越来越丰富。

1岁半的宝宝在玩球时，除了刺激爬行和两只小手的抓握能力，促进四肢和手部肌肉的发育外，还能锻炼宝宝的下蹲、弯腰、站起等动作的敏捷性，培养宝宝的观察力、注意力和耐心，培养数学能力和逻辑思维能力，让宝宝在欢乐的气氛中体会友爱与合作的精神。

这时宝宝玩球都是站着玩，父母可把小球撒在地上，带宝宝一起捡球，看谁捡得快、捡得多，也可以把不同颜色的球混在一起，让宝宝捡起来归类，分别放进不同的容器里等等。

经验★之谈

还有很多其他的玩法，如：旋转球、左右手互相传球，锻炼手眼协调能力；踢球锻炼下肢力度和身体平衡能力等等。父母要根据宝宝的具体发育状况和能力，选择适合宝宝的玩法，让宝宝玩得开心，玩出智慧。

◎大动作能力

接球

1岁半的宝宝大多能稳步行走，这时父母可让宝宝在走动中做游戏，提高宝宝的行走能力和速度，玩球就是一个很好的方法，但球最好选择软皮、弹力适中、个头比足球小点儿的皮球，表面有"刺"突触的皮球更好。

在宽敞的屋子里面，或者在天气好的时候到室外空地上，家长把球往地面掷，待弹起来时让宝宝用双手去接；也可由宝宝自己把球掷下去，家长接球。家长把球扔到宝宝胸前，力度适中，扔球的部位最好在宝宝的肩和膝之间，过高或过低会增加接球的难度。

训练一段时间后，可根据宝宝的熟练度渐渐加大距离，还可有意把球扔向离宝宝有一定距离的左方或右方，让他转动身体去接球。

第二章 1～2岁宝宝智能培训与测评

17~18个月

◎精细动作能力

穿珠子

准备10个算盘珠子，一根45厘米左右的毛线，毛线的一头拴一个钥匙环或一块布疙瘩，这样宝宝穿好的珠子就不会从另一头掉了。

妈妈和宝宝面对面地坐在床上或地板上，妈妈首先拿起一颗珠子，在宝宝的注视下，慢慢穿进去，然后把没有环的那个毛线头给宝宝捏在手里，鼓励宝宝自己穿。

刚开始宝宝可能对不准珠子眼儿，妈妈不要着急，让他自己试着多穿几次，当宝宝穿进去后，赞扬宝宝："宝宝真聪明，珠子穿进去啦！"妈妈帮宝宝把穿好的珠子移动到毛线另一头，接着再穿。等宝宝穿好所有珠子时，妈妈帮宝宝将绳子打结，组成一个珠子链，提起来让宝宝观看自己的成果，并赞扬宝宝。

经验★之谈

随着宝宝手部精细动作的发育，可给宝宝提供更小的珠子。

坐椅子

这个年龄的宝宝大都能爬上椅子，但还不能独自转身坐在上面。父母把一个大人坐的椅子放稳，让宝宝面向椅子爬上去，宝宝会爬到椅子上回头望父母，似乎在寻求鼓励和帮助，有的会向下看，似乎是害怕。这时父母不要急于去扶他，而是要微笑地鼓励宝宝："宝宝真棒，宝宝自己能爬上椅子了！""宝宝转过去，坐在椅子上好吗？"宝宝可能会面对椅子背在椅子上蹲下，然后再翻身坐下。多训练几次后，宝宝会顺利地爬上椅子，转过身来坐下。做游戏时注意宝宝的安全，椅子最好选择比较稳，不易翻倒的；椅子周围不能有危险物品，如剪刀、杯子等。

◎语言能力

自我介绍

这个月的宝宝大都知道自己的名字了，有的宝宝可能不会说自己的名字，但别人叫时知道是在叫自己。这时父母可教宝宝一些其他有关宝宝自己和家人的信息，如"我1岁半了""我是属小老鼠的"或"爸爸是属咩咩的""妈妈是属汪汪的""我是妈妈的宝宝"等。

大人可经常问宝宝："宝宝叫什么名啊？""宝宝多大了？""宝宝是谁家的孩子啊？"之类的问题，如果宝宝回答对了就要赞许，并隔一段时间再问，巩固宝宝的记忆。

这是什么

从现在起要改成让宝宝自己说出物名，对于1岁半的宝宝，父母同他一起看图书时可由"哪个是兔子"之类的问题变成"这是什么"之类的问题。

有时宝宝发音不清，只要说出一个近似的音，大人就用这个音稍作更正，拉长音调，说出完整的名称，让宝宝一遍遍地模仿，直到发出正确音为止。每种物品只要发出一个声音就应夸赞"宝宝说得真好"，激励宝宝多开口。宝宝说错了也不要责怪或表现出不高兴或失望的表情，给宝宝纠正即可。

◎数学能力

这些都是圆的

准备一些圆形物体，如钟表、圆形镜子、棋子、气球、小球等。将这些东西放到桌子上，让宝宝坐在旁边的小椅子上面。

妈妈拿起钟表，告诉宝宝："这是圆形的"。同样分别拿起其他几样东西，告诉宝宝："这个也是圆形的"。然后指着这些圆形的物品说："宝宝快来看，这些东西都是圆形的。圆圆的气球，圆圆的钟表……"

每人分1个

准备一盘3个苹果，一盘3个梨，放在茶几上，爸爸、妈妈和宝宝围坐，妈妈告诉宝宝："这是三个苹果，这是三个梨"。并分别用手数一数："1个，2个，3个。"然后问宝宝："我们先吃苹果还是吃梨呢？"采纳宝宝的建议。如果宝宝选择苹果，那爸爸对宝宝说："请宝宝来给大家分，一人分1个。"

宝宝会很高兴地去拿苹果，分时父母可教宝宝说，"爸爸一个""妈妈一个""我一个"。分对了，父母要说谢谢，并同宝宝一起高高兴兴地吃苹果。吃完后，父母再让宝宝分梨，方法同上。

17~18个月

◎知觉能力

传声筒

准备一个传声筒，声筒线不要过长。宝宝和妈妈各拿传声筒的一端，站在房间的两端，妈妈先做个示范，将声筒靠近嘴边向声筒说话，宝宝就会模仿妈妈的动作；"宝宝，听到妈妈说话了吗？宝宝和妈妈说话呀。"如果宝宝听到声筒里妈妈的声音，他会很兴奋地对着声筒叫喊，妈妈可附和着宝宝说话，母子俩随心所欲地"对话"，让宝宝感受传声筒的奇妙。

妈妈躲到一个宝宝看不到的地方，如沙发后，通过声筒和宝宝说话。

声筒是一种很有趣的玩具，宝宝都很喜欢，父母可以借助宝宝对声筒的兴趣，给宝宝提供听力锻炼的机会。这个游戏可促进宝宝听觉能力的发育。

光着脚丫子

将床上和地板上的危险物品清理干净，鼓励宝宝赤着脚在床上、地板上走动；如果是夏天，可让宝宝到沙滩上光脚玩，教宝宝用脚踩沙子、踢沙子。

经验★之谈

平时，当宝宝光着脚时，不要斥责他，给他提供一个安全的环境，让他自由玩耍。这个游戏对宝宝的健康和智力发展大有益处，可有效提高宝宝的触觉能力。

◎思维能力

鸭子在哪儿

准备一个小鸭子玩具和三个塑料杯子，杯子要倒扣在桌子上。妈妈拿着小鸭子告诉宝宝："小鸭子要睡觉喽。"然后在宝宝的注视下，把小鸭子放进其中一个杯子底下。然后奇怪地问他："小鸭子在哪儿睡觉了？"宝宝认出来后要鼓励他："哇，鸭子果真在这里，宝宝棒极了。"

如果宝宝没记住，妈妈可以把小鸭子拿出来对宝宝说："哦，在这里睡觉了。"然后把玩具仍旧放在那个杯底，直到宝宝正确指出小鸭子。然后可换一个杯子放置小鸭子，看宝宝能否很快就判断出来。

◎情绪与社交能力

辨别是与非

在日常生活与人交往中，与宝宝一起评论简单的是非观念，如："阿姨家的宝宝很乖，在街上走时，从来不乱要东西""撒谎的宝宝不是乖宝宝，叔叔阿姨们就不喜欢了"等等，使宝宝明白哪些是大人赞许的好事，哪些是坏事。

父母还可以让宝宝自己分辨哪些是好事，哪些是坏事，如看图画时，问宝宝："这个宝宝吃饭时不往地上扔，这个宝宝乱扔，哪个是乖宝宝呢？"

父母要注意及时表扬宝宝所做的每一件好事，配合眼神和手势示意，并经常利用讲故事和打比方的方法让宝宝猜想事情的后果等。

挠痒痒

幽默感是宝宝性格中一种积极美好的情绪，在人际交往中发挥着很大的作用。让宝宝开心地笑是培养幽默感的第一步。

父母将宝宝抱在怀里，挠他痒痒，让他在父母的怀里嬉笑着挣扎躲闪。然后停一会儿，当他期待父母再次胳肢痒痒时，继续做游戏。

还可与宝宝面对面坐在床上，身体前倾挠宝宝痒痒，直到宝宝仰身倒在床上；或者与宝宝面对面站着，伸出胳膊挠他痒痒，追着他跑。速度不要太快，以免宝宝摔倒。

父母还可以装出一副吓人的模样，张牙舞爪地假装要挠他痒痒，但并不真的挠他痒痒，让他体验到不同的幽默方式。父母和宝宝嬉闹时要有张有弛，免得宝宝过于兴奋而被呛到或者磕碰到。

经验★之谈

在和宝宝玩这个游戏时，要通过各种夸张的表情与动作来增强游戏的趣味性，让他学会表达自己的幽默感。

17~18个月

宝宝智能开发效果测试

序号	测试项目	选项	得分
1	说出常用物品的用途	A.6种（16分） B.5种（14分） C.4种（12分） D.3种（9分） E.2种（6分）	12分为合格
2	用积木搭高楼	A.10块（10分） B.8块（8分） C.6块（6分） D.4块（4分）	10分为合格
3	穿珠子	A.2颗（12分） B.1颗（9分） C.穿入别针（6分） D.穿上套环（3分）	9分为合格
4	指着宝宝的衣服问这是谁的呢	A.我的（10分） B.宝宝的（8分） C.拍拍自己（4分） D.点点头（2分）	10分为合格
5	背诵儿歌	A.背全首（10分） B.背前两句（8分） C.背押韵的字（4分） D.不会（0分）	10分为合格

续表

序号	测试项目	选项	得分
6	同小朋友在一起时	A.有笑容，喜欢在一起（12分） B.抢玩具（10分） C.躲开别人自己玩（8分） D.躲在妈妈身后不与其他人接近（4分）	12分为合格
7	会做简单的家务	A.4种（12分） B.3种（9分） C.2种（6分） D.1种（3分）	9分为合格
8	擦鼻涕	A.自己用手帕擦完放好（5分） B.用手纸擦完扔掉（4分） C.擦在衣服上（2分） D.擦在玩具或家具上（1分）	5分为合格
9	脱衣服	A.脱去已经脱了一只袖子的衣服（9分） B.脱下松紧带裤子（8分） C.扒开开裆裤（7分） D.能伸手仰头让大人脱（2分）	9分为合格
10	倒退着走	A.7步（7分） B.5步（5分）	5分为合格

测试分析

1题测试认知能力，应得12分；2、3题测试精细动作能力，应得19分；4、5题测试语言能力，应得20分；6题测试社交能力，应得12分；7、8题测试自理能力，应得14分；9、10题测试运动能力，应得14分。总分在91分以上为优秀，80~91分为正常范围，70分以下为暂时落后。哪一道题若在合格以下，可先复习15~16个月相应的试题或该能力组的全部试题，再学习本月龄组的试题。若哪一题在合格以上，可跨过本阶段的试题，进行下个阶段能力组练习。

第四节 19~20个月的宝宝

宝宝智能发育状况

◎运动能力发育

宝宝非常喜欢上楼梯这项运动,把它当作游戏,见到楼梯就要上。这个月龄的宝宝在没有妈妈牵着手的情况下,能借助栏杆上几阶楼梯了。如果楼梯的台阶比较高的话,宝宝会手脚并用地上楼梯。

◎身体技能发育

当宝宝能捡起地上很小的东西,并能用拇指和示指准确地对捏起来时,说明宝宝的视力已经有了很大的进步,有了对微小物体的注意能力。这个时期的宝宝平衡能力协调发展,能蹲下起立和弯腰拾物,逐步学会复杂的动作。宝宝已经会扭动门把手,会自己开门走出房间。父母要注意如果有风把门吹上,可能会夹伤宝宝,最好装上安全防护设施,防止挤到宝宝的手脚。

◎认知能力发育

1~2岁的宝宝不但具有极强的模仿能力,还能把看到、听到和感觉到的东西综合起来,通过自己整合,创造出新的内容。

宝宝记忆力增强,开始记忆事情的经过,并能通过联想表达他的记忆。比如父母总是在双休日带宝宝到动物园或游乐场去玩,宝宝就记住了,当父母都不去上班的时候,就会带他去动物园或游乐场。如果哪个休息日没去,宝宝可能会表示疑问。

◎语言能力发育

　　这个阶段，宝宝学习词汇的速度比较快，平均每天能学会一个新词汇。大约有50%的宝宝已经能说出90～150个词汇，宝宝所用的词汇多是日常生活中的常用词。宝宝喜欢模仿父母和看护人说话的内容和语调。现在宝宝最爱说的词是"没了"。

　　到了这个月龄，大约有30%的宝宝能够使用多字组成的句子说话。尽管宝宝所说的句子还很简单，省略了很多词，但大多数句子是能让人听懂并理解的。如果妈妈常给宝宝讲故事，从现在起，宝宝也可能给妈妈讲故事了。宝宝所讲的故事，大多是妈妈给他讲过的，但有些情节宝宝会根据自己的想法有所发挥。宝宝还会把故事中他喜欢的人物的名字换成自己或是父母的名字。

◎情感能力发育

　　宝宝在父母面前大喊大叫，或发脾气、摔东西，这不是宝宝性格有问题。当宝宝语言表达能力低于实际思维能力时，不能用语言表达出自己的意愿和想法，就会急得喊叫，甚至急得大哭。

　　另一方面，宝宝也会通过这种方式吸引父母的注意力。遇到这种情况，父母不能置之不理，也不要训斥宝宝，应该蹲下来和蔼地与宝宝交流，表示出对宝宝的关注。

◎社交能力发育

　　从这个月开始，宝宝逐渐喜欢和小朋友一起游戏了。宝宝仍有很强的"我的"意识，不但对自己的东西不放手，还喜欢"侵占"其他小朋友的东西。没关系，学会"侵占"小朋友的东西，就离把自己的东西拿给小朋友分享不远了。培养宝宝良好的品德，要从培养宝宝与别人分享快乐开始。宝宝"侵占"小朋友的东西，不是品行恶劣的表现，父母要引导宝宝学会和小朋友共同分享食物、玩具和快乐。

19~20个月

◎良好生活习惯的培养内容

良好的生活习惯，包括良好的卫生习惯、饮食习惯、睡眠起居习惯、与生活有关的行为习惯等。饮食习惯包括正确使用餐具、独立进餐；进餐时专心、不挑食、不偏食、不剩饭等。睡眠习惯包括睡前大小便，独立安静地入睡；掌握正确的睡眠姿势；养成早睡早起的作息习惯。自理能力包括饭前便后洗手；会自己整理玩具；可独立穿脱衣服鞋袜；喜欢参加一些力所能及的劳动。

◎大动作能力

走脚印

准备硬纸板和剪刀，分别剪出10个左右脚的鞋底样，比宝宝的鞋底稍微大一点点，按左右脚分别排列在地板上，左右脚印中间隔开15厘米，每步相距12厘米左右，用胶条固定住。妈妈和宝宝分别站在脚印的两端，妈妈告诉宝宝："宝宝踩"，这个游戏可锻炼宝宝走路姿势和身体运动协调能力，父母要及时纠正宝宝的走路姿势和跨步大小，指导宝宝两脚踩在脚印上，慢慢走向妈妈，并让宝宝眼睛注意看脚印，准确地踩在脚印上走；刚开始让宝宝慢慢踩踏，慢慢可以加快速度。

经验★之谈

这个游戏可锻炼宝宝走路姿势和身体运动协调能力，父母要及时纠正宝宝的走路姿势和跨步大小。

走、跳、跑

走"平衡木"：在地上用白灰或布条做一个15厘米宽，4~5米长的夹道，拉着宝宝的一只手，让他在上面走，并渐渐放手让他自己走。

跳远：父母与宝宝相对站立，拉着宝宝的双手，然后告诉他向前跳。熟练后可让他独自跳远，并练习从最后一级台阶跳下独立站稳的能力。

跑与停：在跑步熟练的基础上，继续练习能跑能停的平衡能力，如对宝宝喊"开始跑，一、二、三停"。父母要站在宝宝的前方，易于扶停而不使宝宝摔倒。

还可以与宝宝玩"你来追我"游戏，可与宝宝互相行走追逐、躲闪，边跑边说："你都追上我了，我快跑！"让宝宝练习自如地走、跑、跳等运动。

◎精细动作能力

倒米和倒水

用两只小塑料碗，其中一只放1/3碗大米或黄豆，让宝宝从一只碗倒进另一只碗内，练习至完全不撒出来为止。

父母先给宝宝示范倒几次，然后再让宝宝自己做，宝宝撒了不要责骂或不高兴，应鼓励宝宝不断尝试。熟练了倒大米或黄豆后，再让他学习用碗倒水。倒水的游戏最好在夏天做。

一枪打四鸟

这个游戏对宝宝来说难度较大，不过只要坚持练习，对宝宝的脑力开发是大有益处的。

一只手用拇指和示指比画"八"代表一支枪，另一只手比画"四"代表四只鸟，双手反复交替变换手势。宝宝初玩这个游戏时，由于较难掌握，很快便会失去兴趣，父母可提出和他比赛，看谁做得好做得快，以提高宝宝的兴趣。

当然比赛时父母要故意让宝宝取得胜利，以增加他练习的积极性。等宝宝熟练掌握后，自然会爱上这个有趣的游戏。

◎语言能力

父母每天晚上回家抽出十几分钟或更多时间，向宝宝描述外出时的见闻，这样能引起宝宝对周围事物的关注，让他自然地接触更多新鲜的词汇，培养他倾听的良好习惯。

父母讲述的内容要浅显，符合宝宝的思维和理解能力，例如"妈妈今天出去买菜，走到楼下，看到一只可爱的小猫咪，在那儿跑呀跑，还不停地喵喵叫""花园里有好多花儿、鸟儿，还有小朋友在那里捉迷藏"等。

父母先说一段话，然后请宝宝复述。每次在讲话中可以夹杂一两个新鲜的词汇，如果宝宝不理解他们的意思，自然会问。这时，大人可以趁机为宝宝解释其中的意思。

19~20个月

◎数学能力

教学儿歌

> 你拍一，我拍一，我们从小爱学习。　你拍六，我拍六，勤奋努力争上游。
> 你拍二，我拍二，互助友爱好伙伴。　你拍七，我拍七，创建先进班集体。
> 你拍三，我拍三，养成卫生好习惯。　你拍八，我拍八，全面发展人人夸。
> 你拍四，我拍四，放学认真做值日。　你拍九，我拍九，反复验算不马虎。
> 你拍五，我拍五，质疑答问要举手。　你拍十，我拍十，为人做事要诚实。

球球泡泡澡

准备浴缸、塑料球等。先将浴缸注入清水，再让宝宝进入浴缸，然后将球一颗颗放入浴缸中，同时进行报数，让宝宝对数与量有基本的认知。

等所有的球（大概五六个）都放进浴缸后，让宝宝自己在水里抓呀摸呀地玩，父母可在旁边给宝宝灌输数字概念，如："呀，宝宝抓到了一个球""宝宝手里拿着两个球呀""宝宝现在有几个球呢，数一数好吗？1个，2个，3个"等。让宝宝通过与水、球等物品的玩乐，启发宝宝对数量多少有基本的认知。

◎思维能力

宝宝喜欢认和自己相关的东西，比如衣服、鞋子等。父母可准备一些大人和宝宝的东西，混在一起，拿着宝宝的鞋子问："谁的？"宝宝会说"宝宝的"或用小名"××的"，妈妈可让宝宝说"我的"；妈妈指着自己的鞋子问上述问题，宝宝可能会指着妈妈或说"妈妈的"，妈妈应该告诉宝宝说"你的"；妈妈还可以指着爸爸的鞋子，告诉宝宝是"爸爸的"，是"他的"。时间久了宝宝就会区分"我、你、他"。

宝宝刚开始对"我""你""他"很模糊，父母要尽量将游戏简单化，刚开始只以宝宝为中心定位"我""你""他"。否则关系混乱，宝宝无从推理。这个游戏可让宝宝分清"我""你""他"，提高宝宝的逻辑推理能力。

◎知觉能力

在宝宝的注视下，把宝宝的玩具分别放在桌子上、椅子下、抽屉里、盒子外面等不同地方，然后让宝宝去找。

例如：小猫咪放在了抽屉里，妈妈可以说："宝宝，给妈妈把猫咪找出来好不好呀？"看宝宝的反应，如果宝宝记不住猫咪在哪儿了，妈妈可以提醒："猫咪在抽屉里面"。刚开始妈妈可以帮着宝宝找几次，然后让宝宝在妈妈的方位提醒下独自寻找。每找到一件玩具都要夸奖宝宝。

◎情绪与社交能力

玩偶手套

妈妈用白布做一只布偶手套，用粗线笔画上眼睛、鼻子、嘴巴，戴在手上，对宝宝点"头"说，"你好，我是小玩偶，你叫什么名字"或"宝宝你很可爱，我们一起玩你的小猫咪好吗"等，并边说边和宝宝做拉手等动作，与玩偶拉手、玩耍等。

经验★之谈

妈妈扮演玩偶时声音要夸张一点，提高游戏趣味性。玩偶要做得可爱，颜色鲜艳分明。还可以用玩偶给宝宝唱歌讲故事。

唱歌表演

让宝宝学会一些简单的儿歌，如"小鸭子，嘎嘎嘎，找妈妈，嘎嘎嘎，找爸爸"等，每当宝宝学会一首新歌后，父母就让宝宝表演。

父母可以用手或乐器轻打节拍伴奏，并和宝宝一起唱："小鸭子，嘎嘎嘎，找妈妈，嘎嘎嘎，找爸爸"。让宝宝学着鸭子在地上摇晃着走边嘎嘎叫，一会儿走到妈妈面前，和妈妈碰个头或握个手，一会儿走到爸爸面前，和爸爸拥抱或碰头等。唱到"找妈妈时"，妈妈可招手示意宝宝向自己走来，唱到"找爸爸"时，爸爸可示意宝宝向自己走来。刚开始父母可先示范表演几次，让宝宝模仿父母表演。熟悉后宝宝可独自边唱歌边表演，如果宝宝能顺利表演应及时给予鼓励。

经验★之谈

父母应该加紧鼓励宝宝与人交往，大胆表现自己，养成活泼开朗的性格，有利于将来的人际交往。

19~20个月

宝宝智能开发效果测试

序号	测试项目	选项	得分
1	用积木搭高楼	A.10块（10分） B.8块（8分） C.6块（6分） D.4块（4分） E.积木搭桥（加2分）	10分为合格
2	倒退着走	A.7步（7分） B.5步（5分） C.3步（3分） D.2步（2分）	5分为合格
3	脱衣服	A.脱去已经脱了一只袖子的上衣（9分） B.拉下松紧带裤子（8分） C.拉下开裆裤（7分） D.能伸手仰头让大人脱（2分）	9分为合格
4	会做几种家务：抹桌子、拿东西、撂土、把东西放好、扫地	A.4种（12分） B.3种（9分） C.2种（6分） D.1种（3分）	9分为合格

续表

序号	测试项目	选项	得分
5	同小朋友一起时	A.有笑容，喜欢同小朋友一起（12分） B.动手抢别人玩具（10分） C.躲开别人自己玩（8分） D.在妈妈身边不爱与别人接近（4分）	12分为合格
6	穿珠子	A.穿上2颗（12分） B.穿上1颗（9分） C.穿入别针（6分） D.穿上套环（3分）	2颗以上每颗加3分，以9分为合格
7	背诵儿歌	A.背诵全首（10分） B.背前两句（8分） C.背押韵的字（4分） D.不会背（0分）	10分为合格
8	替父母拿东西，如拖鞋、板凳、日用品	A.拿对4种（10分） B.拿对3种（8分） C.拿对2种（4分） D.拿对1种（2分）	10分为合格

测试分析

1题测试认知能力，应得10分；2题测试运动能力，应得5分；3、4题测试自理能力，应得18分；5、8题测试社交能力，应得22分；6题测试精细动作能力，应得9分；7题测试语言能力，应得10分。总分在74分以上为优秀，60～74分为正常范围，60分以下为暂时落后。哪一道题若在合格以下，可先复习17～18个月相应的试题或该能力组的全部试题，再学习本月龄组的试题。若哪一题在合格以上，可跨过本阶段的试题，进行下个阶段能力组练习。

第五节 21~22个月的宝宝

宝宝智能发育状况

◎运动能力发育

这个月宝宝会原地跳得更远。运动能力强的宝宝，可能会在奔跑中向前跳。宝宝已经能够自由上下楼梯，父母最好还是牵着宝宝的手。

◎身体技能发育

几个月前，宝宝搭完积木，会立即毁掉"杰作"，欣赏积木倒塌那一刹那带来的刺激。现在宝宝的做法截然不同了，他开始保护自己的"杰作"，开始珍惜自己的劳动成果。宝宝开始对橡皮泥产生浓厚的兴趣，但宝宝还不能捏出实物样的物体，只是凭着自己的想象，捏出大人猜不出来的物体，宝宝通常会告诉父母他捏的是什么。

宝宝握笔写字、画画的姿势已经很标准了，宝宝最喜欢画的是太阳和太阳放射出来的光芒。现在还不是教宝宝画画的时候，让宝宝尽情去画好了，想怎么画就怎么画。

◎语言能力发育

宝宝开始理解妈妈的语言，产生联想并做出相应动作：妈妈说吃饭了，宝宝会主动坐到餐桌旁；妈妈说要出去玩了，宝宝会带上自己想带的东西。这个阶段，宝宝最常说的，可能是"不""我不要""我不要吃""不睡觉""不洗脸"……宝宝想拒绝父母所有的要求，除非父母要求的是让宝宝感兴趣的事情。

◎情感能力发育

由保姆看护的宝宝，见到父母可能不是很亲，但随着宝宝慢慢长大，有了情感表达能力，即使父母不常陪伴，也知道亲父母了。宝宝不但会开怀大笑，也会时而流露伤心表情，特别是当父母出门时，宝宝会表现出不高兴的神情甚至是哭闹。

◎社交能力发育

宝宝能够叫出他熟悉小朋友的名字，这是宝宝与人交往能力的又一进步。随着宝宝对周围小朋友的熟悉，渐渐融入幼儿社会。

宝宝"占有欲"开始减弱，能够把自己的东西给他喜欢的人。"占有欲"的减弱是宝宝学会与人分享快乐的开端，是和小朋友一起游戏的开始。尽管如此，宝宝与人分享东西和快乐的愿望还是比较微弱，很多时候，宝宝仍然护着自己的东西，惦记着别人的东西。

◎大动作能力

伸直和蹲下

爸爸和宝宝一起站在地板上，给宝宝穿上比较宽松的衣服。爸爸喊"变高"时，踮起脚尖，伸直身体，举起双手，并让宝宝模仿着做出相应的动作，让宝宝体会变高的感觉。爸爸再喊"变矮"，并和宝宝一起蹲下双脚，弯腰低头，双手抱住膝盖，身体变成一个球状。

刚开始宝宝动作不连贯，爸爸要慢慢纠正宝宝，反复训练，不要急于求成。多表演几次等宝宝熟悉了动作环节后，可适当加快速度，由宝宝单独表演，或让宝宝喊口令，爸爸和宝宝跟着做。

经验★之谈

这个游戏可练习伸展和弯曲，使关节和韧带得到锻炼，全身肌肉活动协调。这种身体活动的游戏最好穿插在一些静态的游戏中间，使宝宝动静结合，更有利于健康。

21～22个月

跳起来够物

准备一些细长线和几样质地柔软的玩具，如毛绒动物、布娃娃、彩球等，用细线将这些玩具挂在屋子里，距离以宝宝跳起来可以够到为标准。周围要宽敞，清除障碍物和危险物品。

父母鼓励宝宝够玩具，如"宝宝的布娃娃怎么挂那里了呀，宝宝能够到吗？""宝宝很厉害，跳起来就拿到娃娃了"等。父母还可以给宝宝演示一下跳起来伸手够物的动作，让宝宝模仿。

经验★之谈

宝宝会学着跳起来够玩具，偶尔手能碰到玩具时，父母要给予鼓励，让他继续够。

◎精细动作能力

穿鞋袜

每次给宝宝穿鞋袜时，可让他在父母的指导下自己动手，父母要耐心地教，不能因为宝宝动作慢而包办。

穿袜子

将袜口叠到袜跟、提住袜跟将脚伸进袜子至袜尖，足跟贴住袜跟，再将袜口提上来。这种穿法能使足跟与袜跟相符，穿得舒服。

穿鞋

大脚趾最长，在脚的里侧，把两只鞋尖的一侧对放在一起，让宝宝认出哪一只鞋应穿左脚、哪一只应穿右脚。反复练习后宝宝就能熟练地自己穿上鞋袜。穿鞋袜的过程，可锻炼宝宝手指的精细能力。

穿脱衣服

在睡觉之前，大人先帮宝宝解开扣子，脱去第一只袖子，让宝宝将上衣脱下来，并称赞他能干。第一次要帮助多一些，以免他脱不下来，失去兴趣和信心。以后可渐渐减少帮助，每次解开上面的扣子，留一两个下面的扣子让宝宝自己解开，一点点增加难度，慢慢使宝宝学会自己脱衣服。

◎语言能力

家人名字

告诉宝宝家里每个人的名字，然后在游戏中复习。比如打电话或有人敲门来访，妈妈先问爸爸的名字："×××在吗？"宝宝会说在，然后去叫爸爸。之后妈妈与宝宝互换，让宝宝问，妈妈答，看宝宝是否能顺利念出家里人的名字。熟悉这个游戏后，还可以把家里的电话、地址及爷爷奶奶等常有联系的亲人的电话让宝宝背诵出来。

> **经验★之谈**
>
> 好多家长忌讳宝宝直接叫大人的名字，其实对于小宝宝来说，这只是一种游戏方式，这样可以提高宝宝的语言能力，父母应该坦率地告诉宝宝家中每个人的名字。

读书"猎字"

准备两本书和几张简单的字卡，父母和宝宝每人看一本书，比一下谁"猎"到的字多。先出示一张汉字的卡片，如"口"，父母和宝宝一起认读，等宝宝熟悉后，给他一本书，让他在阅读时如果"捕捉"到"口"时，就在汉字卡的后面贴上一颗五角星。等到一本书阅读结束，看看宝宝找到了多少个相同的"口"字。每当宝宝猎到一个汉字时要给予赞扬和鼓励。

◎数学能力

每人分2个

准备6个苹果，6个橘子，洗净后分别放在两个盘子里。

如果宝宝还分不清苹果和橘子，可先让他辨认，指着苹果告诉宝宝："这是苹果，有6个。"同样指着橘子告诉宝宝："这是橘子，有6个。"

爸爸妈妈和宝宝一起坐在桌子旁边，告诉宝宝："爸爸妈妈想吃苹果了，宝宝给大家分苹果好不好？每人分两个。"并竖起两个指头表示"2"，看宝宝会不会分。如果宝宝不知道怎么分，父母可先指导他分几次，然后再让他自己分，直到分准确为止，别忘了谢谢宝宝。

21~22个月

数学儿歌

给宝宝唱一首简单的乘法口诀儿歌，让宝宝初次接触"乘法"概念。给宝宝反复吟唱，唱到数字时可以加重音节，并让宝宝模仿父母吟唱。

> **小鸡歌**
> 一只小鸡一张嘴巴两条腿，两只小鸡两张嘴巴四条腿。

听音辨人

这个游戏可在家里人多时做。爷爷奶奶、爸爸妈妈和宝宝围成一个圈坐在一起，妈妈蒙住宝宝的眼睛，让其他大人说话，然后让宝宝猜是谁在说，如果宝宝猜不出来，妈妈可适当提示，如"是爸爸还是爷爷呢？"或描述一下说话人的衣着外貌特征让宝宝猜也可以。

然后让爸爸蒙住宝宝的眼睛，妈妈、爷爷、奶奶说话，爸爸让宝宝猜，并提示他。这时候宝宝已经基本能分清父母和爷爷奶奶的声音了，这个游戏让他巩固对家人声音的记忆。

> **经验★之谈**
> 如果家里有其他亲戚朋友的时候，也可做这个游戏，以提高宝宝的听觉分辨能力，促进听知觉能力发育。

◎知觉能力

音乐呼啦圈

父母跟宝宝一起站在地板上，周围要宽敞，双手相握形成一个小圈圈，音乐开始的时候，父母就带着宝宝按顺时针的方向踏步走，当音乐结束时，引导宝宝停下来。刚开始宝宝对这种游戏不熟悉，大人应该带着宝宝一起做，陪宝宝做2~3次后，可以让他自己尝试。

◎思维能力

万能的纸片

　　准备一些彩色文具纸、剪刀、细线等东西，将彩纸剪成大小不同的小方块，教宝宝叠不同形状的东西，如小船、飞机、长嘴鸟、传声筒、望远镜等。

　　刚开始妈妈和宝宝每人拿一块纸，妈妈折一下，让宝宝跟着做，妈妈的动作要慢，让宝宝有足够的模仿时间，并指导宝宝叠成之后，告诉宝宝这是什么。训练几次后给宝宝一块纸让他自己叠，没有必要非得让他叠出与妈妈的完全一样，可让宝宝自己随心所欲地折叠，发挥他自己的创造能力。

建立统筹观念

　　妈妈可以让宝宝多帮忙拿东西，比如洗澡前要准备东西，肥皂、毛巾、拖鞋等，宝宝往往一次只拿一种。妈妈可提醒宝宝一次性把肥皂和毛巾都拿来。

　　下次拿拖鞋和衣服时，妈妈和宝宝一问一答："拖鞋在哪？""在房间。""衣服在哪？""在房间。""那你可以一次把拖鞋和衣服都拿过来。"经过几次之后，妈妈只需说一遍所需的东西，宝宝就会主动分配、安排每次取物的数量。这种游戏可让宝宝建立最初的统筹观念，学会做事前先思考判断，也有利于宝宝的逻辑思维能力的发展。

195

21~22个月

宝宝智能开发效果测试

序号	测试项目	选项	得分
1	单脚独立	A.3秒（6分） B.2秒（5分） C.要扶物扶人（2分）	5分为合格
2	用脚尖走	A.10步（12分） B.5步（10分） C.3步（8分） D.2步（4分）	10分为合格
3	说出自己的姓名，妈妈的姓名，自己的小名	A.说对3种（12分） B.说对2种（10分） C.说对1种（6分）	10分为合格
4	背儿歌	A.2首（12分） B.1首背完整（10分） C.1首背不完整（8分） D.背押韵的字（4分）	10分为合格

续表

序号	测试项目	选项	得分
5	问"这是谁的鞋?"	A."我的"（10分） B."宝宝（小名）的"（8分） C.拍自己（4分）	10分为合格
6	分清楚5根手指和手心、手背	A.7处正确（12分） B.5处正确（10分） C.4处正确（8分） D.3处正确（6分） E.2处正确（4分）	10分为合格
7	说出水果名称	A.6种（12分） B.5种（10分） C.4种（8分） D.3种（6分）	10分为合格
8	会自己脱松紧带裤子坐便盆	A.及时脱下（10分） B.会扒开裆裤（8分） C.来不及脱下（6分） D.叫大人帮忙（4分）	8分为合格

测试分析

1、2题测试大肌肉动作能力，应得15分；3、6题测试认知能力，应得20分；4、5、7题测试语言能力，应得30分；8题测试自理能力，应得8分。总分在73分以上为优秀，61~73分为正常范围，60分以下为暂时落后。哪一道题若在合格以下，可先复习19~20个月相应的试题或该能力组的全部试题，再学习本月龄组的试题。若哪一题在合格以上，可跨过本阶段的试题，进行下个阶段能力组练习。

第六节
23~24个月的宝宝

宝宝智能发育状况

◎运动能力发育

现在宝宝的平衡能力和体力都大大增强，他可以单腿跳跃，可以翻筋斗，还可以骑三轮车，把球投进小筐里也是轻而易举的事情。

◎语言能力发育

这个月龄的宝宝有一半都可以说出3~5个字组成的句子，可以通过他自己组成的句子引起父母的注意，而引起大家的注意则是他很开心的事情。

◎认知能力发育

现在宝宝可以认识性别，知道自己是男宝宝还是女宝宝，可以理解红绿灯的含义，还可以明确地感知疼痛，只不过疼痛具体位置还不太弄得清，经常说的就是"肚子痛"。

◎情感和社交能力发育

宝宝了解父母更多的情绪，知道通过各种方式表达自己的情绪，而不是安静地听父母的吩咐，也懂得看妈妈的脸色行事，这将为以后的社交打下基础。

聪明宝宝这样教

◎培养宝宝的创造能力

创造力是智力活动高度整合的结果，表现为思维和行为不受固有位置、角度、习惯的束缚，善于形成新观念，产生新想法，寻求解决问题的新途径，发现事物之间的新关系，看到发展的新趋势，预见到新结果。

培养宝宝的创造力关键是让他参加各种各样的实际活动，对于两岁的宝宝，活动主要是游戏。父母要珍惜和尊重宝宝的创造，不要随意否定他们的创造活动，打击他们创造的积极性。父母要明白，创造始于问题，源于想象，兴趣是宝宝创造的动力，鼓励是维持宝宝创造兴趣的营养剂。

◎帮助宝宝控制情绪

首先要让宝宝懂得，哪些情绪是好的，哪些情绪是不好的。鼓励宝宝表现积极的情绪，如热情、欢乐、乐观、和善等，教宝宝控制消极的情绪，如冷淡、抑郁、悲观、愤怒等。但应把握好尺度，过分压抑宝宝的情绪会适得其反。

◎大动作能力

追动物玩具

为宝宝准备几个能够拖拉的玩具小动物，如小鸭或小鸡等，在天气暖和时，带着宝宝到户外和别的小朋友一起做游戏。

让宝宝和几个小朋友一起坐在场地的一端。父母告诉小朋友，小鸭或小鸡要跑了，现在请跟在我身后去追，看看谁跑得快。然后父母手里拉着拖拉玩具在前面小跑，让小朋友们在身后追，追上两三圈后停下休息一会儿。

经验★之谈

这个游戏锻炼宝宝全身肌肉的活动能力，使他可以在指定的范围里跑，并在跑的时候相互不碰撞。

23~24个月

双脚跳

这个月的宝宝双脚并跳时，能够双脚同时离地和同时落地两次以上。父母可拉着宝宝的双手，与宝宝面对面站立，父母先做一遍双脚跳起来的动作给宝宝看，然后让宝宝和自己一起跳。

开始训练时，父母最好拉着宝宝的双手让宝宝双脚跳，逐渐让宝宝拉着父母的一只手或扶着东西跳，直至宝宝能够自己跳。反复训练可以增强宝宝身体的平衡力。等宝宝能够独自跳起来时，可在地上用粉笔画一些线条或摆放几个障碍物让宝宝学着越过，但要注意别让障碍物绊倒宝宝。还可以在宝宝下楼梯台阶时，从最后一个台阶练习两脚并着往下跳。

◎精细动作能力

钥匙和锁

准备一把小锁和相对应的钥匙给宝宝，看宝宝能否将钥匙准确伸进锁眼里面。最好是坐在床上，以免锁掉下来砸伤宝宝的脚。

妈妈可给宝宝示范两三次，在宝宝的注视下，慢慢地将钥匙伸进孔里，并向宝宝解释，如"钥匙这样伸进去，然后用指头捏紧，使劲一转，向这边转，锁就开了"等。

然后让宝宝自己开，不断鼓励和指导，如果宝宝不能准确打开也没关系，让他先玩儿一会儿，偶尔打开一两次，宝宝会特别开心，更加喜欢摆弄，慢慢会摸索出一套开锁的方法。

经验★之谈

锁和钥匙要干净，不要将很久不用生锈的锁和钥匙给宝宝玩，除了不卫生还不灵活，难以打开；最好在钥匙上系一根绳子，以免宝宝将钥匙吞进嘴里。

拾树叶

天气暖和时，给宝宝准备一个轻巧的小篮子，带宝宝到公园四处走动，边走边拾落叶。父母说："秋天到，树叶飘，小朋友们来拾落叶。"让宝宝尽可能地采集多种类的树叶，并把它们交给父母。

父母要不断鼓励宝宝，每拾起一片要赞扬一下，鼓励宝宝继续四处走动寻找树叶，用小手捡起来后放在篮子里。篮子装满后，再让宝宝把落叶倒掉，重新拾。

最后让宝宝提着一篮子落叶快乐回家，赞扬宝宝的"收获"。

◎语言能力

扮演角色

准备一些情节简单、内容风趣的幼儿小故事，例如《小红帽》。父母先给宝宝读一遍小红帽，然后让妈妈扮演外婆，爸爸扮演大灰狼，宝宝演小红帽。父母不用教宝宝背诵小红帽的台词，而是在演故事的过程中，适当给予提示，并给宝宝一定的自由发挥空间，让宝宝用自己的语言和动作扮演。

经验★之谈

父母要耐心、热情地帮宝宝排练，对于宝宝的每句台词和每个动作，无论标准与否都要给予鼓励，重点是调动起宝宝的兴趣，让宝宝说和动。

完整地背诵儿歌

这个月的宝宝喜欢跟父母一起背诵儿歌，有的宝宝也喜欢自己单独背诵。

> 宝宝爱吃饭
> 小羊爱吃草，小鸡爱吃米，小兔爱吃菜，小猫爱吃鱼，宝宝爱吃饭。

◎数学能力

玩"扑克"

把硬纸片剪成扑克牌大小的方块，用彩笔在上面从1至10标上数字。妈妈和宝宝每人拿着10张"扑克"，开始比赛大吃小。爸爸可给宝宝做助手，帮助宝宝和妈妈比赛，如：妈妈出了一个"2"，宝宝出了一个"4"，爸爸可说："宝宝的4比妈妈的2大，宝宝吃了，宝宝赢喽！"并拥抱宝宝表示奖励。妈妈被吃掉的"扑克"就归宝宝了。

经验★之谈

游戏中父母要耐心教宝宝比较数字的大小，让宝宝明白大小概念，还可有意给宝宝获胜的机会，增加宝宝的兴趣，但不能让宝宝每次都赢。

23~24个月

唱歌学数学

数鸭子

门前大桥下,游过一群鸭,快来快来数一数,二四六七八。嘎嘎嘎嘎真呀真多呀。快来快来数一数,二四六七八。

◎知觉能力

彩灯

准备几个转动时能发出五颜六色光芒的电彩球,晚上将灯关掉,将彩球放到地上旋转,彩球五颜六色的光照不断闪烁,宝宝会开心地呼喊,挥动着双手,父母可趁机问宝宝:"那个是什么颜色?"看宝宝能回答出几种颜色。

如果宝宝回答不出来,父母可给他描述"那个红色,那个蓝色"等;如果宝宝能从闪烁不定的色彩中认出两三种颜色来就很棒了,要奖励宝宝,让宝宝继续捕捉颜色。

听指挥做动作

父母说一些命令式的简单词组或句子,让宝宝做出相应的动作。刚开始父母说话速度要慢,给宝宝足够的反应时间。

脸部动作:摸眼睛、摸鼻子、揪耳朵、摸嘴巴、噘嘴巴、摸脸蛋、摸下巴等。

摸身体部位:摸右手、摸左手、摸肚子、摸膝盖、拍腿、摸脚趾等。

肢体动作:举起手、伸开胳膊、两手抱起来、两手握起来、伸腿、踢脚、跳一下、蹲下、站起来、向前走、向后退等。

刚开始父母中的一人可和宝宝一起做动作,让宝宝通过模仿,明白游戏方法,然后让宝宝自己做。

这个游戏可训练宝宝的听觉反应能力,有助于听觉能力发育。

◎思维能力

猜谜语

通过猜谜语可培养宝宝的形象思维能力，父母平时可多收集一些简单易懂、描绘生动的小谜语，或自己即兴编一些小谜语让宝宝猜，内容最好是宝宝熟悉的东西。父母说谜语时语言要活泼生动，充满热情和好奇。

分分类，配配对

取红色、黄色、白色等不同颜色的小球各若干。父母任意取出一种颜色的小球，让宝宝取颜色相同的小球，进行配对。当家中有两个或两个以上的宝宝时，还可以进行"看谁拿得对和快"的游戏。

也可以准备一些颜色相同但形状不同的物体，让宝宝分类、配对，以训练宝宝对图形的观察和判断能力。

经验★之谈

这种分类配对游戏可提高宝宝的分析判断能力，有助于逻辑思维能力的发展。

◎情绪与社交能力

宝宝去购物

父母可带宝宝一起去购物，在路上碰到熟识的邻居教宝宝打招呼，向宝宝介绍店里的阿姨或奶奶，让宝宝了解整个交易的过程，并向宝宝介绍经常使用的东西的价格和用途，如洗衣粉、香皂、袜子等。

找朋友

节假日或下班后，带着宝宝去户外和其他小朋友一起做游戏。

让宝宝们手拉手站着，围成一个圈，其中一个小朋友站在圈子中央，父母和宝宝们一起唱《找朋友》的歌曲，中间的小朋友随着歌曲在圈子里面边走边找：

"找啊找啊找朋友（边拍手边顺着圈子往前走），找到一个好朋友（手指点最近的那个宝宝），敬个礼来点点头（两个宝宝互相敬礼、点头），我们都是好朋友（握手）。"

23~24个月

宝宝智能开发效果测试

序号	测试项目	选项	得分
1	背数到	A.30（8分） B.20（7分） C.15（6分） D.10（5分） E.5（4分）	两项相加算出总分，10分为合格
	点数到	A.10（10分） B.7（7分） C.5（6分） D.3（3分） E.2（4分）	
2	说出图书或图画中人物的职业和称呼	A.4人（12分） B.3人（9分） C.2人（6分） D.1人（3分）	5个以上每人递增2分，9分为合格
3	用颜色去形容常用的东西	A.4种（12分） B.3种（10分） C.2种（7分） D.1种（4分）	5种以上每种递增3分，10分为合格
4	学画	A.模仿画圆形（10分） B.开口曲线（8分） C.横线（6分） D.竖线（4分）	画由圆形演变出的图画如太阳、梨、苹果等，每递增一项得2分，10分为合格

续表

序号	测试项目	选项		得分
5	按顺序套入套盒内	A.8个（8分）	B.6个（6分）	8分为合格
		C.4个（4分）	D.2个（2分）	
6	说清楚大人姓名以及其他亲属姓名	A.4人（14分） B.3人（12分） C.2人（10分） D.1人（5分）		4个以上，每增加一个递增3分，10分为合格
7	会唱一首歌	A.大致会唱，可以辨认是什么歌（10分） B.不能辨认是什么歌（5分） C.不会唱（0分）		10分为合格
8	喜欢藏猫猫让人找	A.3处不同的地方（8分） B.两处不同的地方（6分） C.总是一个地方（4分）		6分为合格
9	会用小勺吃饭	A.完全自己吃（8分） B.吃去大半（6分） C.吃去一半（4分） D.要人喂（0分）		8分为合格
10	上楼梯	A.自己扶栏双脚交替（10分） B.双脚踏同一台阶（8分） C.大人牵着上楼梯（5分） D.抱上楼梯（0分）		10分为合格

测试分析

1、2、3题测试认知能力，应得29分；4、5题测试精细动作能力，应得18分；6、7题测试语言能力，应得20分；8题测试社交能力，应得6分；9题测试自理能力，应得8分；10题测试运动能力，应得10分。总分在91分以上为优秀，70～91分为正常范围，60分以下为暂时落后。哪一道题若在合格以下，可先复习21～22个月相应的试题或该能力组的全部试题，再学习本月龄组的试题。若哪一题在合格以上，可跨过本阶段的试题，进行下个阶段能力组练习。

第三章 2~3岁宝宝智能培训与测评

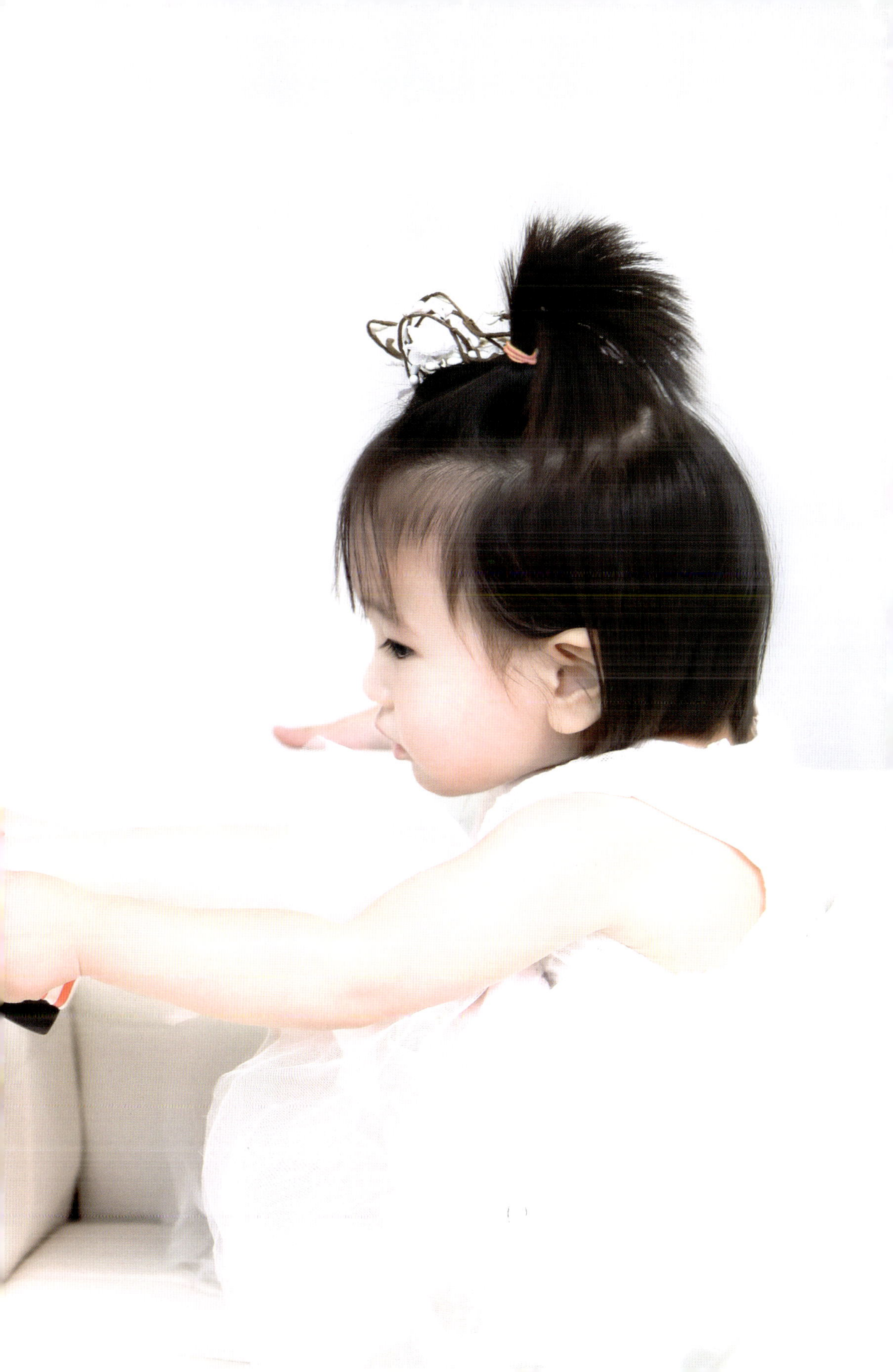

第一节 25~27个月的宝宝

宝宝智能发育状况

◎运动能力发育

在地上放一根木棍或小塑料棒，当宝宝走近障碍物时，会轻松地抬起脚跨越过去。如果宝宝不敢或还不能独自跨越，妈妈可牵着宝宝的小手鼓励宝宝跨越。宝宝能自由地蹲下做事，能够比较快速地从蹲位变成站立位，而不再需要一只手撑地，或两只手扶着膝盖了。宝宝已经能够把腰弯得很低而不向前摔倒。弯腰时，如果妈妈叫宝宝，宝宝会在弯腰状态下把头扭过来看着妈妈。宝宝很喜欢和父母赛跑，和宝宝赛跑是引发宝宝走路兴趣的好方法。

◎认知能力发育

宝宝对空间的理解力加强，搭积木时能砌3层金字塔。宝宝已经能辨认出1、2、3，分清楚内和外、前和后、长和短等概念的区别。对圆形、方形、三角形等几何图形有了认识。

◎情感能力发育

宝宝开始有了自我意识和权力意识，开始坚持自己的意见，并主动要求做事。但宝宝往往以任性的形式表现他的进步，让妈妈感到头痛，给父母"难以管教"的印象。

父母要学会理解宝宝，理解宝宝的举止行为。理解宝宝在成长过程中的"异常"，用爱的眼光解读宝宝的行为。

◎情感和社交能力发育

当父母问宝宝冷、饿、渴、困时怎么办，宝宝可能已经可以说出穿衣服、吃饭、喝水、睡觉了。在他现有能力的基础上，父母和他说话时可以使用一些简单的英语词汇。有时宝宝不感兴趣，这没关系，只要时常对宝宝讲英语，他的大脑中就会留存印象，等他将来在学校学习英语时，就会轻松许多。

聪明宝宝这样教

◎教宝宝认字的好方法

对于2岁多的宝宝，学习认字的过程要自然、轻松，不要用物质奖励的形式引导学习，不要刻意地提前，也不要僵硬死板地按照专家制订的时间表进行，否则可能得不偿失，让宝宝对识字产生厌恶心理。以下介绍几种教宝宝识字的方法：

游戏识字

利用宝宝熟悉的识图卡（卡片上半部分是图片，下半部分是文字），先教他认识3～5张，然后把识图卡的图片和文字算开，让宝宝把图片贴在相应的文字下面。

阅读识字

当一个孤立的汉字不和其他汉字相联系时，很容易就被遗忘掉。因此，让宝宝尽可能地阅读各种适宜的书籍十分重要，这可以复习和巩固所学的汉字。宝宝在认识几百个字之后，就可以教他独自进行简单的阅读了。用自己学到的字阅读诗歌、童话故事和有关书籍，宝宝就会产生成功的喜悦，促进宝宝识字的兴趣。

◎全面开发宝宝的语言

多元智能中的语言智能是宝宝早期智能发育中的重要一环，从其发展来说，听、说、读、写是一个基本的过程，我们可以从以下几方面入手来开发此项智能。

图画书阅读

让宝宝多翻阅图画书，学会看画面，并能从中发现人物表情、动作、背景，将之串联起来理解故事情节。

引导宝宝完整复述

讲完一个故事后应与宝宝一起交谈，引导宝宝复述故事内容。当宝宝在说的时候，爸妈必须注意倾听。

使用形声字

把和文字相关的故事告诉宝宝，宝宝认字写字的效果就会很好，不容易搞错，而且宝宝一旦掌握了文字的形和部，还可以举一反三。

25~27个月

◎大动作能力

踢球比赛

在宽敞的客厅里或户外安全宽敞处，用凳子搭个球门，准备一个小足球。父母先示范将球踢进球门，然后让宝宝模仿着踢进去。

宝宝腿脚还不够灵活，对方向和力度把握不准确，父母要耐心指导，教宝宝正确的踢球姿势和方法，不断练习。如果宝宝偶尔踢进去一次，一定要给予鼓励。

如果条件允许，还可以让宝宝和其他小伙伴一起踢球比赛，看谁先踢进去。父母也可以和宝宝比赛，提高宝宝的兴致。

> **经验★之谈**
>
> 在游戏过程中，注意清理周围障碍物，以免宝宝受伤。

走出花样

两岁的宝宝行走能力已很强，父母可选择一个宽敞安全的环境，让宝宝进行一些花样走法。

> **踮着脚尖走**
>
> 父母可以陪宝宝一起走，边走边唱："走走走，走啊走，一走走到马路口，红灯停，绿灯行，叔叔夸我好宝宝。"

> **走"S"形线**
>
> 父母用粉笔在地上画一条宽3~5厘米、长10米左右的"S"形线，让宝宝踩着线从一头走到另一头。如果宝宝能始终踩着线条走到头，一定要予以表扬。

爬楼梯比赛

制作一面小旗子，父母带着宝宝到宽敞明亮的楼道里做游戏，楼梯台阶高度要适中。爸爸做裁判，站在楼梯最上层拿着旗子喊加油，妈妈和宝宝从最底下一层往上攀爬，妈妈尽量装出使劲跑的样子，刺激宝宝赶快爬。

如果宝宝在攀爬中用手扶地，爸爸可告诉他："不能用手扶地，扶了地旗子就是妈妈的"。尽量让宝宝不要扶地攀爬。

快到终点的时候妈妈就喊："宝宝要加油，赶紧抢旗子，妈妈要拿到了。"第一次将旗子输给宝宝，提高宝宝的兴致，接着游戏。

经验★之谈

玩2～3次后让宝宝休息一会儿，台阶不要超过10个，以免累到宝宝。

◎精细动作能力

套玩具

准备10多个直径15～20厘米的套环，5～6个小玩具或小物品，如小鸭子、积木块、塑料杯子等。玩具和物品要比套环小好多，这样才能套进去。

将玩具一个个散开摆在地板上，宝宝和父母站在距离玩具两米左右的地方，父母先示范扔套环的动作和姿势，然后让宝宝自己扔套环。刚开始宝宝肯定扔不准，鼓励他多次尝试，偶尔套到玩具时，一定要赞扬宝宝，他会兴致高涨，继续扔。

经验★之谈

套环过程中父母要不断教宝宝正确捏握套环，纠正宝宝扔环的姿势和用力方向，促进宝宝的手臂部精细动作能力发展。

小小雕塑家

准备一些黏土、钉子、彩笔和几个小塑料瓶子。给宝宝戴好围裙和套袖，在阳台或者屋内地板上铺一块塑料油布，父母和宝宝一块捏，教宝宝用黏土将塑料瓶子包上，用手磨光，用钉子在上面画上娃娃的五官图像或月亮、太阳、小动物等各种图案，放在通风处晾干，然后用彩笔涂上花纹。

25~27个月

◎语言能力

游戏识字

边玩边用生动的语言引导宝宝，例如，父母拿着"西瓜"字卡部分，宝宝面前有西瓜、香蕉、橘子3张图片，父母可以这样引导："你知道我是谁吗？我长得圆圆的，外面的衣服是绿色的，里面的肚子是红色的，吃起来可甜了，是宝宝最爱吃的"。在给他这些暗示的时候，提示速度要慢一些，直到宝宝把西瓜的图片找出来贴在文字下面，然后再强调"西瓜"两个字。识字游戏充满趣味，宝宝比较喜欢。同时通过描述性语言的引导方式，促进了宝宝的推理能力和语言理解能力的提高。

学习反义词

日常生活中让宝宝多积累各种词性的反义词和对应词，结合实物，让宝宝理解并记住一些常用的反义词和对应词，如：

妈妈——爸爸，爷爷——奶奶，
叔叔——阿姨，哥哥——姐姐，
男——女，老——幼，
大——小，多——少，
长——短，高——矮，
坏——好，宽——窄，
前——后，上——下，
左——右，东——西，
南——北，天——地，
黑——白，红色——绿色，
方——圆，轻——重，
新——旧，胖——瘦，
美——丑，真——假，
动——静，热——冷。

快——慢，坐——站，
开——关，哭——笑，
醒——睡，拿——放，
举起——放下，喜欢——讨厌，
勤劳——懒惰，陌生——熟悉，
安全——危险，附近——远方，
高兴——难过，表扬——批评。

父母要结合实际和具体的东西来教宝宝理解反义词组，不能让他死记硬背，如父母可拿出一大一小两个小球，告诉宝宝"这个大，这个小，大和小是反义词。"或拿一个胖乎乎的娃娃和一个瘦瘦的娃娃，教宝宝认识胖和瘦等；或通过讲故事，告诉宝宝什么是勤劳和懒惰等；平时还可以教宝宝背诵反义词歌，如"长对短，大对小，高对低，红对绿"等。

经验★之谈

等宝宝掌握了一些反义词时，父母可和他比赛，说一个词，让宝宝说出反义词来。

◎知觉能力

传达信息

这个游戏要至少三个人一起做，父母中的一个靠在宝宝耳朵边说一句简单的话，要让宝宝容易记住，然后让宝宝在另一人耳朵边复述一遍，最后父母两人将自己说的和听到的对照一下，看宝宝传达对了多少。

妈妈贴着宝宝的耳朵悄悄告诉宝宝："猫咪吃小鱼"，然后问宝宝听到了没，如果一次宝宝记不住，可重复两三次。然后让宝宝贴在爸爸的耳朵边，悄悄告诉爸爸自己刚才从妈妈那儿所听到的。

等宝宝给爸爸传递完了后，让爸爸将听到的说出来，看跟妈妈的原话相差多少。然后爸爸给宝宝耳语一句"小狗不见了"，让宝宝传递给妈妈，让妈妈将听到的说出来。

25~27个月

小向导

大人去附近买东西、办事时，如果方便可带着宝宝，一路上边走边指着附近的饭店、邮局、银行、商店等建筑物，一一向宝宝介绍，如"这是饭店，你看门前有个小狮子；这是邮局，在饭店的左边，门前有个小邮箱"等等。该转弯时，要提醒宝宝，"我们向左转"或"向右转"；告诉宝宝哪儿是人行道，走路要靠右边等交通规则。

往回走时，可让宝宝给父母做向导，不断问宝宝"我们怎么走呢？""向左走还是向右走呢？"等，并提醒宝宝来时所教的建筑物，看宝宝能记住几个。

◎思维能力

找三角形

准备各种三角形物品，将这些物品和其他形状的东西放在一起，然后拿起一个三角形物品告诉宝宝："这是三角形，有三个角，宝宝从这里找出所有三角形好吗？"给宝宝一个空篮子，让他把所有的三角形物品找出来放在篮子里，找的过程要不断强调三角形"有三个角"的特点，每当宝宝找对一件物品就要赞扬他。

经验★之谈

这个游戏可培养宝宝形象思维能力，还可帮助宝宝掌握事物的共性，提高他的分析归纳能力。

分类

准备一些图片：壁虎、葡萄、葱头、蝴蝶、西瓜、白菜等，要宝宝分别地把它们归入"动物""水果""蔬菜"类里，看宝宝能否独立完成。这种训练方法可使宝宝初步掌握事物的类别关系，模糊地知道事物之间的区别与联系。

经验★之谈

还可同宝宝这样做游戏：确立一个类别概念，如动物，然后每人用交叉对话的方式分别说出一个动物的名字，一次只说一个，而且不许重复。类似的类别还有蔬菜、水果、玩具、衣服等等。

◎情绪与社交能力

装装傻

日常生活中，父母可故意制造些幽默搞笑的场面，和宝宝一起开心地大笑。例如：和宝宝一起发出一些傻乎乎的声音，比如"哇啦啦啦""蒙……""嗯……"等，然后大家一起哈哈大笑。

或者做一些违反常规的动作，如假装搞错了，把袜子当帽子戴在头上在宝宝面前走来走去，然后恍然大悟似的发现自己的错误，装出害羞的模样。故意说错话，比如把"电冰箱"说成"电视机"，把"鞋子"说成"帽子"等等，说的人要一本正经，旁边的人则哈哈大笑，宝宝也会跟着大笑。在和宝宝做游戏的时候，父母要全身心地投入，不能以敷衍的方式来对待宝宝。

"安静"的游戏

妈妈将宝宝的玩具娃娃放在床上，盖好被子，轻声对宝宝说"妹妹睡着了，我们轻轻地出去，不要吵醒她。"然后领着宝宝用脚尖轻轻地走出去，轻轻地关上房门，去客厅里玩不会发出声音的游戏，如穿珠子等。

或者，妈妈和宝宝可以静静地坐在沙发上，手牵手闭起眼睛，专心地听听平时不太注意的声音，如楼上楼下邻居走路说话的声音、远处汽车的鸣叫声、窗外小鸟的声音等，过一会儿睁开眼睛问宝宝："宝宝刚才听到什么声音了？"让宝宝能安静地坐一会儿，养成专注的习惯，同时这个游戏会让宝宝学会关心别人，在别人休息和睡觉时不吵闹。

25~27个月

宝宝智能开发效果测试

序号	测试项目	选项		得分	
1	说清楚天气的变化：晴天、阴天、刮风、下雨、下雪等	A.对5项（5分） B.对4项（4分） C.对3项（3分） D.对2项（2分）		5分为合格	
2	将手臂按口令放在上、下、前、后、展开、合拢	A.对6项（4分） B.对4项（3分） C.对2项（2分） D.对1项（1分）		4分为合格	
3	伸出右手、左手、左脚、右脚	A.对4项（10分） B.对3项（8分） C.对2项（5分） D.对1项（4分）		10分为合格	
4	背数	A.20（4分） C.10（2分）	B.15（3分） D.5（1分）	每递加10增加1分	3项相加10分为合格
	点数	A.10（4分） C.5（2分）	B.7（3分） D.3（1分）	每增加5加1分	
	背位数	A.5位（4分） C.3位（2分）	B.4位（3分） D.2位（1分）	加1位加1分	
5	积木砌高楼	A.10块（10分） B.8块（8分） C.6块（6分） D.4块（4分）		模仿砌门楼加4分、模仿砌炮楼加6分，10分为合格	
6	拼上切分为两块的拼图	A.拼对3张（6分） B.拼对2张（4分） C.拼对1张（2分）		6分为合格	

续表

序号	测试项目	选项	得分
7	父母问："你几岁？"宝宝答	A.我两岁（9分） B.宝宝（名字）两岁（6分） C.竖起两指（4分）	9分为合格
8	跟我讲：eye（眼睛），nose（鼻子），ear（耳朵）边讲边指	A.对3个（6分） B.对2个（4分） C.对1个（2分）	6分为合格
9	父母拿东西：拖鞋、伞、书包、上衣、帽子（分清是谁的东西不能拿错）	A.对5种（10分） B.对4种（8分） C.对3种（6分） D.对2种（4分）	10分为合格
10	记住家庭门号或电话号	A.全对（10分） B.错1个（8分） C.错两个（6分）	10分为合格
11	用筷子	A.会扒饭入口（12分） B.会拿不会用（10分） C.用勺子吃（8分） D.要人喂（0分）	10分为合格
12	洗手、开关龙头、擦肥皂、洗净指缝、甲缝、擦手	A.会5项（5分） B.会4项（4分） C.会3项（3分） D.会2项（2分）	5分为合格
13	跳跃	A.自由双足离地跳（5分） B.扶人扶物跳（3分） C.跳不离地（2分）	会跳格子加3分， 5分为合格
14	接住从地面滚来的球	A.马上接住（5分） B.去追球（4分） C.躲开（2分） D.不练（0分）	5分为合格
15	骑摇马	A.自己扶住爬上去，会自己摇（5分） B.大人扶上，自己会摇（4分） C.大人扶上，大人摇（3分） D.不敢上（0分）	5分为合格

测试分析

1、2、3、4题测认知能力，应得29分；5、6题测手的技巧，应得16分；7、8题测语言能力，应得15分；9、10题测社交能力，应得20分；11、12题测自理能力，应得15分；13、14、15题测运动能力，应得15分。总分在110分以上为优秀，90~100分为正常范围，70分以下为暂时落后。哪一道题若在合格以下，可先复习23~24个月相应的试题或该能力组的全部试题，再学习本月龄组的试题。若哪一题在合格以上，可跨过本阶段的试题，进行下个阶段能力组练习。

217

第二节 28~30个月的宝宝

宝宝智能发育状况

◎ 运动能力发育

此时的宝宝，大动作已经能自在地行走，还能跑、跳、攀登，单脚站立也不是问题，骑三轮车时会转弯、停车，而且会走平衡木。

◎ 语言能力发育

经过训练，本月的宝宝已经可以说3个字的儿歌，会说有"的"字的短句。常用的礼貌用语宝宝可以使用得很熟练，如"你好""谢谢""再见"等。

◎ 认知能力发育

宝宝可以自己拼上3~4种颜色的拼图，可以准确地分辨出爸爸、妈妈及陌生人的声音。宝宝还可以准确地说出至少6种交通工具，能分辨出"多"与"少"的概念。

◎ 情感和社交能力发育

宝宝这个时候情感体验变得丰富，喜、怒、哀、乐可以显现，面对别人的表扬会感到高兴，完成妈妈交办的事情会有"完成任务"的喜悦感。

◎大动作能力

摘苹果

用彩色纸片剪一些苹果，在客厅里拉一根长线，将苹果用纸条和糨糊粘着，挂在线上，呈一串，高度正好让宝宝能摘到。

给宝宝一个小桶，让宝宝提着小桶去摘苹果，摘上几个就送给妈妈一次。摘完了妈妈可重新挂上，让宝宝再摘。

平衡木

在房间里的地板上，按一定的间隔摆放8块墙砖，然后在摆好的砖头上面放一块15厘米宽的木板，搭成一个简易的平衡木，鼓励宝宝在上面来回走动，大人要在旁边注意保护。

刚开始，父母可拉着宝宝的一只手，带着宝宝走，训练几次后，再让宝宝独自走。为了让宝宝保持平衡，可让他将上臂张开。

这时宝宝不仅跑得稳，而且动作要比以前协调，起跑时手的姿势正确，但不能持久，半分钟能跑25～35米。

◎精细动作能力

剪纸片

这个月的宝宝用剪刀剪纸的能力有所提高，如果父母在纸上画一条线，宝宝可能会沿着线把纸剪开，当然不会严丝合缝的。很早就练习使用剪刀的宝宝，到了这个月龄可能会用剪刀剪布了。

妈妈要给宝宝准备一些可以剪的材料：白纸、杂志纸、手纸、塑料袋、布片等。给宝宝一把小剪刀，先让他剪容易剪碎的纸类，等宝宝能独自剪碎各种纸张后，再让他剪塑料袋和布片等比较柔韧的东西，满足宝宝剪的欲望。

用筷子夹爆米花

选用竹筷，因为方形竹筷易夹住食物，而且无毒、轻便、易握紧；食物最好选用爆米花，很轻，上面有沟槽和裂缝，容易夹起来。刚开始训练可在筷子尖上缠一根皮筋，增加摩擦力。给宝宝两只小碗，让他把爆米花从一只小碗中夹到另一只内，如一时夹不好，父母也不要责怪，让宝宝慢慢锻炼。

28~30个月

◎数学能力

认识数字

用硬纸板剪20个小圆片，上边标上1~5，每个数字有4个圆片。将圆片打乱，让宝宝根据纸片上的数字分成5类。

刚开始让宝宝观察，父母做示范，如"这是1，放在这里，这个也是1，同样放在这里；这个是2放在这里"等等，父母要边分边念相应的数字，并出示图片让宝宝观看数字的写法。

然后指导宝宝自己分类，宝宝熟悉了这5个数字后就可独自完成分类。还可拿出从1~5的这5张图片，让宝宝按照从大到小或从小到大的顺序排列。

摆设餐具

吃饭前，可以给宝宝布置分配碗筷的小任务，如"今晚有5个人来家里吃饭，在这5个位置上各放1双筷子，我们需要几双筷子？5双？好棒！每双筷子有两支，那5双筷子一共就有10支了""现在我们来摆碗，5个人需要几个饭碗呢？"父母协助宝宝摆好餐具后，可让宝宝清点餐具，巩固一遍。

> **经验★之谈**
>
> 这个游戏综合培养宝宝的加减乘除意识，有利于宝宝的数学智能发育。

◎知觉能力

蒙着眼睛找物

在一个布袋里装上铅笔、书本、橡皮、玩具鸭子、毛绒熊、积木等东西，妈妈用手将宝宝的眼睛蒙上，说出一种物品的名字，让宝宝从布袋里面摸出来。如"妈妈要书，宝宝给妈妈拿出来"一般情况下，宝宝熟悉的物品能很快摸出来，妈妈可以给予适当的提示，如"铅笔是又细又长的""毛绒熊软软的"等。

> **经验★之谈**
>
> 这个游戏可训练宝宝的触觉能力。

认识上下

晚上睡觉时，问宝宝："被子在哪里？""褥子在哪里？"并引导宝宝回答："被子在宝宝的身上，在上面。""褥子在宝宝的身下，在下面。"

◎思维能力

由部分猜全部

准备一些宝宝熟悉的动物图片，如鸭子、熊、猫咪等，将这些图片拿给宝宝看。让宝宝先熟悉一下图片和名称。然后妈妈拿出一张猫咪图片，用白纸捂住猫咪的半边身体，留出猫咪的尾巴和后腿，问宝宝："这是什么呀？宝宝能认出来吗？"让宝宝观察露出来的部分，看宝宝能否判断出这是什么。如果宝宝不能马上辨认出来，妈妈可以引导宝宝仔细观察，加深印象。

这个还能做什么

准备一些日常用品，如矿泉水瓶、纸张、毛线等，拿出一样问宝宝："这个东西能干什么？"并引导宝宝回答出多种答案。如，妈妈拿出一团毛线问宝宝："毛线是做什么的？"宝宝可能会回答："是给宝宝织毛衣的！"妈妈可继续问："还能做什么呢？"宝宝可能回答："还能给宝宝织帽子！"等。这时妈妈可引导宝宝继续回答。

◎情绪与社交能力

小小好帮手

两岁半的宝宝两只手已很灵活，所以父母可以让他参加一些家务劳动。最初的家务劳动是自我服务，比如自己吃饭、穿衣、洗手等；慢慢过渡到为家人服务。如：妈妈洗衣服时，让宝宝拿来香皂；爸爸下班回来时，让宝宝给爸爸放包；奶奶生病了，让宝宝给奶奶擦汗；爷爷喝水时，让宝宝给爷爷取来杯子等等。

两人二足

准备一根绳子或布带子，妈妈与宝宝站在屋子的一头，用绳子或布带将自己和宝宝的一只脚绑在一块，然后两人挪动着用"三只脚"向屋子的另一头走去，爸爸当裁判。妈妈可以和宝宝事先商量好，行走过程中喊"1-2-1"口号，让宝宝和妈妈一起踏着口号走，这样才能顺利前进。

28~30个月

宝宝智能开发效果测试

序号	测试项目	选项	得分
1	认识圆形、方形、三角形、长方形、椭圆形及半圆形	A.5种（12分） B.4种（10分） C.3种（7分） D.2种（5分）	10分为合格
2	让宝宝看着画册，提问：哪个是小狗？哪个是小鸟？父母提8个类似的问题	A.对8个（12分） B.对5个（10分） C.对3个（7分） D.对1个（5分）	10分为合格
3	认颜色	A.5种（5分） B.4种（4分） C.3种（3分） D.2种（2分）	4分为合格
4	为已打开打乱顺序的6个大小不同的瓶子、盒子盖盖儿	A.6个（6分） B.5个（5分） C.4个（4分） D.3个（3分）	5分为合格
5	学画这些：一、十、口、三	A.3种（6分） B.2种（4分） C.1种（2分）	画"口"加3分，4分为合格
6	搭积木搭高楼	A.15块（7分） B.10块（5分） C.8块（4分） D.6块（3分）	5分为合格

续表

序号	测试项目	选项	得分
7	搭金字塔（盖炮楼加5分）	A.底5块（5分） B.底4块（4分） C.底3块（3分） D.底2块（2分）	模仿砌门楼加2分，模仿砌炮楼加3分，4分为合格
8	捏面团模仿做出形状、如球、碗、盘、不倒翁、兔子（自己创造加3分）	A.5种（10分） B.4种（8分） C.3种（6分） D.2种（4分）	自己创造构形加3分，8分为合格
9	藏猫猫：父母藏，宝宝找；宝宝藏，父母找	A.会变化着藏（5分） B.会变化着找（4分） C.在父母藏的地方藏身（3分） D.不敢玩（0分）	4分为合格
10	猜谁在讲话，爸爸、妈妈、奶奶、爷爷、阿姨、叔叔、陌生人	A.认6人（12分） B.认5人（10分） C.认4人（8分） D.认3人（6分）	5分为合格
11	学洗脸、漱口	A.全正确（5分） B.没洗五官（4分） C.将水吞下（3分） D.大人帮洗（0分）	4分为合格

测试分析

1、2、3题测认知能力，应得24分。4、5、6、7题测精细动作能力，应得18分。8、9题测社交能力，应得12分。10、11题测自理能力，应得9分。总分在63分以上是优秀，45~63分是正常，30分以下是暂时落后。哪一道题若在合格以下，可先复习2岁1~3个月相应的试题或该能力组的全部试题，再学习本月龄组的试题。若哪一题在合格以上，可跨过本阶段的试题，进行下个阶段能力组练习。

第三节 31~33个月的宝宝

宝宝智能发育状况

◎ 运动能力发育

宝宝现在跑得很稳，可以单脚跳远，不用人扶可以走平衡木，扔大皮球可达1米左右，能叠8块左右的方积木。

◎ 情感和社交能力发育

现在的宝宝情感更为丰富、细腻，会懂得一些简单的大人情绪。同时，宝宝开始喜欢逐渐脱离父母的怀抱，找自己的交际圈子，喜欢融入集体活动。

◎ 语言能力发育

现在的宝宝可是非同从前，虽然对太复杂的话还不懂，也听不明白道理，但是童言童语却可以让父母终生难忘。

◎ 认知能力发育

宝宝可以用思维解决简单的问题，或者说，用他固执的思维解决所有的问题。而且差不多可以做思维运算或活动，不需要实际的动作，可以在头脑中解决。

聪明宝宝这样教

◎父亲对宝宝会产生很大的影响

父亲对宝宝的影响很大，包括体格体质、生活习惯、品格气质、行为习惯、思想观念等各方面，尤其是对于男宝宝来说父亲的影响关系宝宝的一生。作为父亲，在日常生活中，应该扮演好自己的角色，尽量给宝宝更多的正面影响，避免负面影响，尽量抽出时间，给予他更多的父爱。

在宝宝体格发育方面，父亲的影响大于母亲，父亲与宝宝的交流更多的是通过身体运动方式、触觉、肢体运动游戏，给他以强烈的大动作身体活动刺激，促进其身体发育。跟父亲接触很少的宝宝在体重、身高、动作等方面的发育速度都比较缓慢，患有营养不良和传染病的概率也较高。

父亲是子女的性别坐标

宝宝将父亲所有行为特征视为一个男人所应具备的特征，以后出现的男性形象都会与最早获得的这一男性范例相比较。缺乏父爱的男宝宝较难在男性的自信与自制之间找到一个平衡点，难以学习自制和获得满足的技巧；父亲存在的积极意义对宝宝的学业和职业成就也是一个重要的因素，并且能使女宝宝在成年后与男性发展健康的关系。

此外，父亲对宝宝性情和气质影响很大，对宝宝情商发展起着关键的作用，既可引发他的积极情绪，又可成为他出现消极情绪的导火索。因此，父亲对宝宝的情绪应及时处理、恰当疏导。

父亲是宝宝智慧的启蒙者

女性富于感情，男性长于理智。这种男女差别，使父母与宝宝的亲子交往过程中教育内容、方法、手段有着一定的差别。一般来讲，父亲有较强的动手能力、较深刻的理解与判断能力以及勇于探索的精神，这些无不对开阔宝宝的视野，发展认知能力与创造能力起着独特的作用。

父亲的生活习惯对宝宝的影响很大

正所谓"有其父必有其子"，由于父亲在家中往往以"权威"或"监督者"的形象出现，大到生活习惯和爱好，小到一颦一笑，对宝宝更有影响力。父亲的好习惯会让宝宝终身受益，反之亦然。如果父亲爱睡懒觉或有酗酒吸烟等习惯，其子女长大后更容易染上此习惯。

31~33个月

◎大动作能力

攀登架

将三层攀登架固定好，每层之间距离为12厘米（不超过15厘米），家庭中可以利用废板材或三个高度相差10～12厘米的大纸箱两面靠墙让宝宝学习攀登。攀登时手足要同时用力支持体重，利用上肢的机会较多，可以锻炼双臂的肌肉支撑自己的体重；同时锻炼脚蹬一个较窄小的面保持全身的平衡。

经验★之谈

游戏前必须检查攀登架是否结实可靠，支撑点会不会打滑等安全因素；游戏中父母要在旁监护，并鼓励宝宝勇于攀登。

钻洞训练

在家里，利用家具给宝宝创造一些安全"山洞"，这些洞要比宝宝矮，让宝宝练习钻爬。可把写字台的空隙或床铺下面打扫干净，让宝宝练习钻进去钻出来，或利用大的管道。还可以将矮桌子放到客厅中央，让宝宝从这边钻进去，从那边跑出来，时跑时钻。钻洞时必须四肢爬行，低头或侧身才能从洞中钻过。宝宝在钻进钻出的同时，锻炼了四肢的爬行和将身子、头部弯曲的本领。

◎精细动作能力

叠罗汉

妈妈将一只手手掌朝下放在膝盖上，然后让宝宝将他的小手摞在妈妈的手上；妈妈再将另一只手轻轻压在宝宝的小手上，宝宝再将另一只小手压在妈妈的手背上；妈妈将压在最下面的一只手抽出，压在宝宝的小手上，如此反复。

等宝宝学会玩手掌的叠罗汉游戏之后，可以改为玩手指的叠罗汉游戏。

妈妈伸出一只手的示指放在膝盖上，宝宝也伸出同一只手的示指压在妈妈的示指上，其他同第一步。

定形撕纸

选择一些质地好点的纸张，如信纸、包装纸等，用针在纸上扎出一定的形状，如圆形、方形、三角形等，让宝宝顺着针孔撕出不同的形状。

等宝宝能熟练地撕出各种简单图形后，还可以在纸上画一些动物轮廓图，如熊猫、鸭子等，顺着画线用针扎上孔，让宝宝撕出各种小动物来。

◎语言能力

复杂儿歌

现在可给宝宝选择一些语句较为复杂的儿歌，里面要有新词儿，不断丰富宝宝的词汇。

> 小白兔儿
>
> 小白兔儿，真神气，齐心合力打狐狸，花花狐狸招人烦，挑拨离间耍诡计，我们把狐狸赶跑啦，和睦相处过日子。

词语找亲戚

宝宝先说一个词，父母说三个词，宝宝在父母所说的三个词中找出和他自己说的那个词关系最密切的一个词。如，宝宝说"爸爸"，妈妈说"爷爷、太阳、萝卜"，然后让宝宝找"爸爸"的亲戚，答案是"爷爷"。

◎数学能力

按数字拿东西

妈妈和宝宝两人在一起时，可以说："宝宝给咱们去拿橘了，妈妈两个，宝宝两个。"看宝宝能否拿来4个橘子。宝宝玩积木时，爸爸可以说："宝宝给爸爸拿两块积木来。"宝宝会拿起两块给爸爸；爸爸还可以说："宝宝给爸爸拿1个大积木和1个小积木。"看宝宝会怎么拿。在日常生活中父母要经常说出一个以上个数的东西，并让宝宝拿来，以训练他的数字理解能力。

拍手歌

> 你拍一，我拍一，黄雀落在大门西。
> 你拍二，我拍二，黄雀落在大门外。
> 你拍三，我拍三，黄雀落在大门边。
> 你拍四，我拍四，四个学生写大字。
> 你拍五，我拍五，五个小伙儿找老虎。
> 你拍六，我拍六，六碗包子六碗肉。
> 你拍七，我拍七，七个姑娘抓公鸡。
> 你拍八，我拍八，八人八马往前杀。
> 你拍九，我拍九，九只胳臂九只手。
> 你拍十，我拍十，十个小孩去赶集。

31~33个月

◎知觉能力

宝宝的时间观念

准备一个闹钟，在宝宝做事情之前预先将时间设定好，告诉宝宝，闹钟一响，宝宝就该干什么了，如喝奶、听故事、画画等宝宝喜欢的事情。时间闹钟发出声响，宝宝可能会做出反应："哇，时间到了，我该喝奶了"或"闹钟响了，我要听故事"等。如果闹钟响了宝宝没有反应，父母可提醒宝宝。

也可以选用图像化的挂钟，如以十二生肖代表数字的钟，用它来提醒宝宝，如"当短针走到'老虎'的时候，你就要把饭吃完。"这个时候的宝宝思维还停留在具体形象化阶段，将抽象的时间具体为声响与动物，更容易理解，教育效果也会更好。

看地图找家乡

父母自己绘制一张简单的地图，准备一个玩具小汽车和彩笔等。将地图铺到地上，将自己所在的城市用彩笔圈起来，告诉宝宝"这是咱们家。"然后再找出其他亲戚朋友所在的城市，用另一种颜色的笔圈起来，告诉宝宝这是叔叔家或者姑姑家等，再用笔将这几个城市连起来，组成一道道车路。

指着地图向宝宝解释东南西北，如：咱们家在东边，叔叔家在南边，姑姑家在北边等。然后让宝宝开着小汽车从自己家出发，去姑姑家或叔叔家，路途中不断提醒宝宝要左转还是右转，要向上前进还是向下前进等。游戏过程中要不断给宝宝灌输方位知识，让宝宝在游戏中体会方位感。

◎思维能力

宝宝学总结

父母可根据不同事物之间相同的属性让宝宝概括出一些性质概念。比如，让宝宝寻找麻雀、蜻蜓、飞机等事物的共同点，并引导宝宝说出"他们都会飞"等类似的答案。

还可把各种颜色的东西归成若干类，让宝宝从中概括出有关各种颜色的概念，如将白色的鞋袜、手帕、玩具等放到一起，将红色的鞋袜、手帕、玩具等放到一起，问宝宝"这些东西有什么一样的地方啊？"等，引导宝宝总结出这些东西的颜色。

宝宝学推理

逻辑推理也是一项很重要的抽象思维，对于不满3岁的宝宝，可给他说出一些简单的句子，引导他顺着父母的思路推理，如父母念这样一组话，让宝宝仔细听：

①所有的动物都会死去。②狗是动物。③所以狗会死去。并让宝宝判断这个说法对不对。

①苹果、梨、香蕉都是水果。②苹果是水果。③梨也是水果。④香蕉也是水果。

◎情绪与社交能力

共同创作

准备一节藕、一个胡萝卜、一个柿子椒，把它们横刀切成两段；再准备各种颜色的颜料，示范如何用这些"菜"蘸颜料印在纸上，画出漂亮的花，然后父母用颜色笔帮助宝宝把花"加工"漂亮。

学会交换

带着宝宝和其他孩子一起玩耍，当宝宝想玩别人的玩具时，父母可让宝宝拿一件玩具与其他的孩子交换，告诉宝宝：把你的小熊给xx，xx会把鸭子给你玩，看宝宝会不会拿着自己的玩具去交换。

刚开始的时候，父母可先充当"另一个宝宝"，拿一个宝宝很喜欢的玩具鸭子，如果宝宝想玩父母的玩具，不要马上给他，而是说："把你手里的青蛙给妈妈，妈妈就把鸭子给你"。当宝宝主动将自己手里的青蛙交给父母后，父母再给宝宝他想要的鸭子，让宝宝懂得，想要得到什么东西，就要付出自己的东西。

31~33个月

宝宝智能开发效果测试

序号	测试项目	选项	得分
1	认数字（每个记1分）；背数（每10个记1分）；点数取物（每个记1分）		10分为合格
2	找来一幅图，在图中找出缺少的部位和错误之处（每对1图记5分）		10分为合格
3	用笔添上未画完的人所缺少的部位		
4	会解大骨扣、小骨扣、按扣、布扣、粘扣、裤钩，每种记1分		5分为合格
5	拼图：把图片剪成2、3、4、5、6、7、8块，每拼对1套记1分		5分为合格
6	用钝刀切面团	有切口但未切断（4分）	5分为合格
		切开两份（5分）	
7	看图讲1~2句话	A.讲5个字以上且含有形容词（10分）	讲出图的特点加4分，10分为合格
		B.讲5个字以上无形容词（8分）	
		C.讲物名（4分）	

续表

序号	测试项目	选项	得分
8	叙述一件东西时，内容包含有物名、用途、颜色、特点	A.4项齐全（12分） B.不齐全提问后补齐（10分） C.讲出3项（8分） D.讲出2项（6分）	10分为合格
9	会摆饭桌、擦桌子、放凳子、碗筷或汤匙	A.做4项，数目齐全（12分） B.做4项，数目不齐（10分） C.做3项，数目齐全（8分） D.做2项，数目齐全（6分）	10分为合格
10	能找出常用的东西：剪刀、小刀、肥皂、手纸、铅笔、手帕、故事书、皮球、帽子、袜子、妈妈的包、爷爷的眼镜、爸爸的书、奶奶的外衣		每种答对记1分，10分为合格

测试分析

1、2题测认知能力，应得20分；4、5、6题测精细动作能力，应得15分；7、8题测语言能力，应得20分；9、10题测社交能力，应得20分。总分在75分以上为优秀，50～75分为正常范围，50分以下为暂时落后。哪一道题若在合格以下，可先复习28～30个月相应的试题或该能力组的全部试题，再学习本月龄组的试题。若哪一题在合格以上，可跨过本阶段的试题，进行下个阶段能力组练习。

第四节 34~36个月的宝宝

宝宝智能发育状况

◎语言能力发育

3岁左右的宝宝，开始逐渐发展连续性语言，能够离开具体情景表述一些意思了。

3岁左右的宝宝开始沉浸在自言自语的语言快乐中，这是宝宝在语言发展中的一个阶段。父母在思考问题时是不需要说出来的，而3岁以前宝宝的思考是直接用嘴说出来的。3岁以后，宝宝的思考就渐渐不直接说出来了，宝宝会静静地思考，并作出某种决定和行动。

◎运动能力发育

走、跑、跳、站、蹲、坐、摸、爬、滚、登高、跳下、越过障碍物，3岁宝宝的运动能力，应有尽有，无所不能，无所不会，真正成为全能型"运动员"了。宝宝应该会拍球、抓球和滚球，并能够接住2米远抛来的球。父母经常让宝宝玩秋千、跷跷板和滑梯可以提高宝宝对自己身体的信心。

◎社交能力发育

宝宝个性发展受家庭的影响很大，如果父母怕自己的宝宝吃亏，过分保护，就会使宝宝胆小怕事，遇事畏缩躲避，只会哭不敢与人接触。如果允许宝宝在家充当"小皇帝"，他就会在外面表现得很霸道，欺负别人，不善于与人共处，不合群，要独占玩具和用品，稍不如意就发脾气。

◎认知能力发育

此时的宝宝会说10个左右的英语单词,能背诵儿歌、唐诗、广告词及简单故事。能数到几十甚至一百,会做数字与汉字的组合。

宝宝能认识4～6种几何图形;切分圆形1/2或1/4;拼上4～8块的拼图;从图中找出缺漏部分;从地图中找出自己居住的城市。也能画一些简单的图形,让宝宝凭印象画正方形、三角形。

宝宝的记忆力很好,会叙述过去发生的事。父母可以用做过的事提醒他,锻炼他的记忆力。比如提醒他"昨天我们买橘子了,还记得吗?"

有的宝宝可以完整地画出人的身体结构,虽然比例不协调,但是基本的位置宝宝已经找准了,父母可以让宝宝画出一个人头轮廓,填上其他部位。

◎身体技能发育

此时的宝宝空间感提高很快,能成功地把水(米)从一个杯中倒入另一个杯中,而且很少洒(撒)出来。宝宝可以用积木搭成复杂的结构,会给娃娃穿脱衣服,喜欢玩过家家的游戏等。

◎情感能力发育

父母影响着宝宝的人格成长,父母和看护人性格怎样,人品怎样,怎样对待宝宝……这一切都深深地在宝宝人格发展的道路上留下印记,甚至影响宝宝一生的发展轨迹。

如果父母总是否定宝宝,批评话语不断,宝宝在这样的环境中长大,就会对自己产生怀疑,总觉得自己不对,缺乏应有的自信。一个没有自信的宝宝,就不会拥有自尊,也不会爱自己和他人。如果父母总是向宝宝发脾气,宝宝就会把"发脾气"看成是一种敌视,宝宝相应地会养成用"敌视"的眼光看待世界的习惯。

34~36个月

◎大动作能力

能拍多少下

准备一个小篮球，父母和宝宝一起到户外练习。刚开始让宝宝双脚站在地上不动，先将球掷到地上，待其弹起后用手去拍。父母拍一下，宝宝拍一下，让宝宝看清楚你的动作。

等宝宝能连续拍几下之后，再教宝宝根据球的位置，移动双脚追踪着球，边拍边走，或跑着追拍球。

刚开始宝宝会用两只手拍球，等宝宝熟练后，可慢慢让宝宝用一只手拍球，或者让宝宝拍着球沿着一个指定方向走去，以更好地锻炼宝宝四肢的配合能力及全身动作的协调性。

走圆圈

在户外宽敞安全的地方，用粉笔画一个直径2~3米的大圆圈，线条要粗。让宝宝沿着圆圈，脚踏着线条绕圈走。

刚开始父母在圈外拉着宝宝的一只手，带宝宝沿着画好的大圆圈走，等宝宝熟悉后让他独自走。父母可根据宝宝的具体情况，调整走动的速度和圆圈的大小。

经验★之谈

每次走的时间不要太长，先顺时针走几圈，再逆时针走，这样交替进行，以免宝宝绕着一个方向走晕了，游戏可以反复进行。

◎精细动作能力

倒茶

准备一些塑料瓶、酸奶瓶、小口杯等容器，一个带柄小茶壶，妈妈和宝宝一起将容器、茶壶摆在茶几上，让宝宝给妈妈倒茶。

妈妈坐在容器旁边，指导宝宝双手捧着茶壶，慢慢将茶水倒进杯子里，然后放下茶壶，双手端着杯子递给妈妈，喝完茶后可让宝宝再倒一杯，然后让宝宝自己用各种容器倒着玩。

妈妈在茶几稍远处看着宝宝往其他容器里倒水，并提示宝宝将两个容器拿起来相互倒来倒去，直到宝宝能准确地将一个容器中的水倒进另一个容器。不要怕宝宝弄脏了衣服，倒水可培养宝宝手部精细动作能力。

扣纽扣

给宝宝穿上扣子稍微多一点的外套，扣上第一个纽扣，然后鼓励宝宝自己扣，每当宝宝扣上一个就夸奖宝宝。还可以给布娃娃准备两套衣服，让宝宝给布娃娃扣纽扣。

父母也可将自己的外套解开，坐在小凳子上，让宝宝站着给父母扣扣子，父母最好选择一些质地柔软容易扣上的衣服，以增加宝宝的信心。

随着宝宝熟练度的增加，父母可以逐步增加难度，如选择纽扣小一些的衣服等。

◎语言能力

童谣

童谣是专门为宝宝们提供的短诗，它强调格律和韵脚，通常以口头形式流传。童谣以说为主，也有说唱结合的，还有一唱到底的。童谣除了浅显生动、韵律响亮、诙谐风趣外，特别适合宝宝的心理。经常说唱童谣可促进他的语言能力发展。

小老鼠

小老鼠儿，上灯台；偷油吃，下不来；吱儿吱儿吱儿的叫奶奶，奶奶拿个包子哄下来。

拉大锯，扯大锯

拉大锯，扯大锯，姥姥家，唱大戏。接闺女，请女婿，小外孙子也要去。背着也不去，抱着也不去，叽里咕噜滚着去。

34~36个月

◎数学能力

螺丝配对

准备大小不同的螺丝及螺丝帽数组,将螺丝跟螺丝帽分散在桌面上,让宝宝区分,先将螺丝帽和螺丝进行分类。

再让宝宝分辨大小螺丝帽和螺丝的差异,然后分别将螺丝和螺丝帽按大小排列,并指导宝宝把大小相同的螺丝和螺丝帽配在一起。

父母先帮助宝宝配,给宝宝示范两次,再让宝宝自己配对,宝宝每配一对要给予鼓励。

比较厚薄

准备几本薄厚不同的书,让宝宝拿一本小薄书,父母拿一本厚一点的书,同宝宝进行比较,告诉宝宝:"我的书比你的书厚""你的书比我的书薄。"

然后鼓励宝宝寻找一本更厚的书,等宝宝找出后,告诉宝宝:"这次我的书比你的薄""你的书比我的厚了。"

其后父母可再找一本更厚的字典,依此类推。还可以用其他物品或玩具代替书本,如薄厚不一样的积木块等。

◎知觉能力

"盲人"走路

准备一块干净柔软的毛巾或布块,将宝宝的眼睛蒙上。让宝宝扮演盲人,同时双手抱起来,不触碰东西,让他从床边向门口慢慢走过去,走到门前面时要停下来。并睁开眼睛看看在自己的位置,如果距离门还很远,或走偏了,就让他回到原处,蒙上眼睛重新走。多次训练后,宝宝慢慢会准确地停在门前。

还可换一个方向练习,如让宝宝从卧室门口走到窗子前等,总之,只要在安全的范围内,可让宝宝随便走动。要清理屋子里面的障碍物,以免磕碰到宝宝。

经验★之谈

这个游戏可提高宝宝的空间知觉能力。

◎思维能力

反口令

父母说：“睁开眼睛”，宝宝要闭上眼睛；父母说"起立"，宝宝就要坐着不动；父母说"举左手"，宝宝就要举右手；父母说"向前走"，宝宝就往后退……如果宝宝做错了就算输了。

还可以让宝宝说口令，父母做出相反的动作，并让宝宝判断父母做得是否正确。游戏过程中父母要放慢口令或动作，让宝宝有足够的思考时间。

高个和矮个

准备几个积木块，高矮不同的小人3个。

父母可以在3个高矮不同的小人下面垫上不同块数的积木，使小人显得一样高，让宝宝根据所垫木块的多少，判断出这3个小人中，哪个最高，哪个最矮。

◎情绪与社交能力

盒子里的秘密

这个游戏要求4~5人参加才有趣，可在家里有其他亲人或朋友时进行。

大家围成一个圈坐着，放开音乐，或一个人专门负责敲打"乐器"，依次把一个小盒子往下传递，当音乐停止时，拿着盒子的人可以拆开盒子看一下礼物，但不能告诉别人看到了什么；音乐再起时，要盖好盒子继续传递。

一轮传递结束后，遵守规则的人能够得到盒子里的礼物作为奖励。这个游戏可让宝宝对规则有一个模糊概念，并感知到遵守规则的必要性，有利于宝宝未来的人际交往和个性发展。

易子而教

两个熟悉的家庭可一起带着自己的宝宝外出旅游，并在旅游途中，相互交换照顾宝宝，或与隔壁邻居之间进行短期"易子"活动；住在城市里的宝宝可与农村亲戚家的宝宝暂时互换环境，让宝宝到完全陌生的环境中体会不同的生活。

这种"易子"方式有利于克服家庭教育和家庭环境固有的局限性，扩大了宝宝的生活环境，提高宝宝适应新环境的能力。

34~36个月

宝宝智能开发效果测试

序号	测试项目	选项	得分
1	对于需要表情和表演的歌曲，宝宝的表现是	A.在唱歌时表情准确而丰富，表演也很自如（10分） B.表情略显刻板，表演略显笨拙（5分） C.没有表情，唱歌也没有曲调，像在念词一样（2分）	10分为合格
2	当妈妈唱出某句儿歌的歌词时，宝宝会怎么样	A.马上接出下一句（10分） B.有时候会接出来，但经常需要妈妈唱好几句才能接（5分） C.接不出来（0分）	5分为合格
3	宝宝是否能进行简单的跳绳、拍球等活动	A.是的，而且很熟练（10分） B.可以玩，不够熟练，但很有兴趣（5分） C.可以玩，但不太感兴趣（4分） D.不会玩，也没兴趣（0分）	5分为合格
4	宝宝能否自己穿衣服和鞋子，而且能按顺序穿	A.可以，而且能熟练地扣好扣子并系好鞋带（10分） B.可以，但扣扣子和系鞋带要大人帮忙（5分） C.基本穿不上（0分）	10分为合格
5	宝宝在叙述一件事情的时候情况如何	A.会用一些较复杂的修饰语，并能把事件陈述完整（10分） B.能把事情说清楚，但不太会修饰（5分） C.不能把事情说清楚，思维很乱（0分）	5分为合格
6	宝宝能否用语言表达自己的意思	A.能，而且能表达得清晰、生动（10分） B.能，但有时候会讲不清楚（5分） C.不能，常常需要说很多遍才能把事情说清楚（0分）	5分为合格
7	当遇到问题时，宝宝的表现怎样	A.会自己想办法解决，喜欢动脑筋（10分） B.自己会先思考一会儿，但很快就找大人帮忙（5分） C.不愿意自己解决，每次遇到问题就找大人帮忙（2分）	10分为合格

续表

序号	测试项目	选项	得分
8	吃饭时，给宝宝一双儿童用的筷子	A.宝宝能用筷子吃饭，只是使用时还不太熟练（10分） B.即使父母教了很久，宝宝也还不能掌握用筷子的要领（2分）	10分为合格
9	宝宝自己整理玩具和物品	A.经常（10分）　B.较多（6分） C.较少（2分）　D.从不（0分）	6分为合格
10	在竞赛类训练中，宝宝的取胜信心如何	A.很足（10分） B.比较足（7分） C.不太足（2分） D.没有（0分）	7分为合格
11	宝宝是否愿意把自己最喜欢的玩具带到幼儿园	A.经常带（10分） B.有时候会（5分） C.很少带（2分）	10分为合格
12	能准确清晰地辨别前后、左右、上下等	A.是（10分） B.有时候会分辨不清（5分） C.完全不能分辨（0分）	10分为合格
13	开始认识一些混合的颜色，如橘黄、粉红等	A.是（10分） B.认识得不多（5分） C.完全不能辨认（0分）	10分为合格
14	会折纸	A.会，而且能够比较整齐地折出各种图形（10分） B.会，但折得不够整齐（8分） C.不太会（3分）	8分为合格
15	对于捏橡皮泥的训练，宝宝表现如何	A.很有兴趣，而且会捏出不同的形状（10分） B.比较有兴趣（6分） C.不喜欢（2分）	10分为合格

测试分析

1、7、10、11题测社交能力，应得37分；2、5、6题测语言能力，应得15分；3题测运动能力，应得5分；4、8、9题测自理能力，应得26分；12、13题测认知能力，应得20分；14、15题测精细动作能力，应得18分。总分在121分以上为优秀，90~110分为正常范围，70分以下为暂时落后，如果连续测定3次均在70分应去医院进行检查。哪一道题若在合格以下，可先复习2岁7~9个月相应的试题或该能力组的全部试题，再学习本月龄组的试题。若哪一题在合格以上，可跨过本阶段的试题，进行下个阶段能力组练习。